미국주식

무작정따라하기

미국주식 무작정 따라하기(최신 개정판)
The Cakewalk Series – US Stock Market Investing

초판 1쇄 발행 · 2021년 8월 21일
초판 4쇄 발행 · 2021년 12월 20일
개정1판 1쇄 발행 · 2024년 4월 30일
개정1판 4쇄 발행 · 2024년 9월 30일

지은이 · 장우석, 이항영
발행인 · 이종원
발행처 · (주)도서출판 길벗
출판사 등록일 · 1990년 12월 24일
주소 · 서울시 마포구 월드컵로 10길 56(서교동)
대표 전화 · 02)332-0931 | **팩스** · 02)323-0586
홈페이지 · www.gilbut.co.kr | **이메일** · gilbut@gilbut.co.kr

책임 편집 · 박윤경(yoon@gilbut.co.kr) | **제작** · 이준호, 손일순, 이진혁
마케팅 · 정경원, 김진영, 조아현, 류효정 | **유통혁신** · 한준희
영업관리 · 김명자, 심선숙, 정경화 | **독자지원** · 윤정아

교정교열 · 최원정 | **디자인** · 신세진 | **전산편집** · 김정미
CTP 출력 및 인쇄 · 정민 | **제본** · 정민

ISBN 979-11-407-0913-7 13320
(길벗도서번호 070528)

정가 22,000원

독자의 1초까지 아껴주는 길벗출판사

• **(주)도서출판 길벗** IT교육서, IT단행본, 경제경영, 교양, 성인어학, 자녀교육, 취미실용 www.gilbut.co.kr
• **길벗스쿨** 국어학습, 수학학습, 어린이교양, 주니어 어학학습, 학습단행본 www.gilbutschool.co.kr

미국주식
무작정 따라하기

장우석, 이항영 지음

길벗

주식투자에는 국경이 없다

"크게 되려면 큰물에서 놀아야 한다."

우리가 어릴 때부터 흔히 들어온 말이다. 다들 좋다고 하는 직장과 학교, 병원은 물론이고 심지어 학원까지 모두 서울을 비롯한 수도권에 집중되어 있다 보니, 자연스럽게 사람들도 모여들고 그 안에서 부대끼며 사는 것이 어찌 보면 당연한 세상이다.

왜 서울로 모든 것이 집중될까? 정답은 하나다. 결국 돈이 아닐까? 자녀에게 좋은 공부환경을 제공해서 명문대에 보내고 싶은 부모나, 괜찮은 직업을 구하고 싶은 청년이 서울로 모여드는 이유는 결국 대부분의 돈과 기회가 서울에 집중되어 있기 때문일 것이다.

간혹 조용한 지방이나 산속에서 유유자적하는 삶을 다룬 영상을 보면 좋아 보이기도 하지만, 대도시의 삶에 익숙한 사람이 그런 선택을 하기란 쉽지 않다. 조용한 곳에서 여유롭게 생활하는 영상 속 사람들을 볼 때 가장 먼저 드는 생각은 대부분 "저 사람들은 저기서 뭘 해서 먹고사는 거지?"일 것이다. "월세를 얼마나 받기에?" 혹은 "원래 돈이 많은 사람일 거야."라고 짐작하는 이들도 많을 것이다. 월세 수입이나 부유한 배경 덕에 그런 생활을 할 수 있는 것이라고 생각하는 것이다.

그런데 더욱 서글픈 사실은 이러한 현실 인식이 틀리지 않다는 것이다. 수도권의 집중도는 계속 높아지고 있다. 특히 제조업에서 금융, 서비스 산업으로의 전환으로 그 집중도는 더욱 강화되었다. 따라서 좋든 싫든 큰물에서 놀려면 서울로 가는 것이 맞다. 남보다 먼저 큰물에서 기회를 잡은 사람들이 부를 축적한 결과 현재와 같은 재벌이나 초대형 기업들이 생겨난 것도 사실이다.

그런데 《미국주식 무작정 따라하기》를 쓰면서 왜 난데없이 우리나라 얘기, 그것도 서울과 수도권에 집중된 경제 이야기를 먼저 꺼냈을까?

이유는 인정하기 싫더라도 대한민국 경제가 과거와 같은 성장세를 이어가던 시대는 거의 끝났기 때문이다. IMF 이전에는 웬만하면 10%가 넘는 고성장을 이어갔지만 리먼 사태까지 겪으면서 이제는 2~3% 성장도 벅찬 것이 현실이다.

OECD 국가에 편입되면서 우리나라도 이제 선진국이라는 자부심을 갖게 되었다. 한편, 선진국 대우를 받는다는 것은 이제 제품이나 서비스에서 다른 선진국들과의 경쟁이 필연적이라는 것을 의미한다. 우리나라의 전 세계 1등 제품 또는 서비스는 무엇이 있을까? 반도체? 그렇다면 그다음에는?

개발도상국에서 중진국으로, 거기서 다시 선진국으로 진입하는 시점까지는 고생도 많았지만, 확실한 보상은 물론이고 보람도 있었다. 그렇기 때문에 너도나도 서울로 올라와 공부도 하고 직장도 구했으며, 각자의 위치에서 최선을 다하며 돈도 벌었다. 그만큼 끊임없이 경제성장이 이루어졌고 그 과실을 많든 적든 다수가 나눠 가졌다.

그러나 선진국으로 불리는 지금은 차원이 달라졌다. 주식시장은 코로나19 팬데믹이 발발하기 전인 2020년 2월에 정점을 찍었고 팬데믹은 결국 세계 경제에 큰 영향을 미치며 전례 없는 변동성과 불확실성을 초래하여 오늘날까지 지속되고 있다. 그 결과 몇 가지 새로운 트렌드가 나타났고 특정 분야가 빠른 발전을 보이기도 했다.

코로나19 팬데믹이 주식시장에 영향을 미친 것 중 하나는 주가가 급격히 변동해서 최선의 노력을 기울여도 시장 동향을 예측하기 어려워졌다는 것이다.

주식시장의 전반적인 성과를 나타내는 벤치마크로 널리 알려진 S&P500 지수는 2020년 2월 최고점과 2020년 3월 최저점 사이에 34% 이상 하락했다. 그 결과 금리는 빠르게 내려가고 돈이 풀리면서 큰 폭의 반등장이 왔다. 또한 공급망 혼란과 러시아-우크라이나 전쟁 등으로 물가가 급등하면서 지금의 고금리 시대가 오고 말았다. 이런 환경 속에서 언제 주식이 올라가고 내려가는지 그 방향성을 예측하기 어려운 환경이 되었다. 이는 AI도 예측을 못하는 부분으로 결국 개인투자자 스스로가 다양한 툴과 분석방법으로 살아남을 수밖에 없는 상황이 된 것이다.

게다가 성장은 더디고 경쟁은 더욱 치열해졌다. 성장이 정체된 곳에서 아등바등하는 것이 바른 선택일까? 이제는 서울로 향하는 것만으로는 역부족이다. 지금부터는 세계로 눈을 돌려야 한다.

꽤 오랫동안 산업, 기업분석, 종목추천 그리고 투자전략분석과 관련하여 증권방송과 학교에서 강의를 하고 있는 필자에게 많은 사람들이 공통적으로 묻는 질문이 있다.

"수많은 주식들 중에서 어떤 주식을 선택해야 할까요?"

이 질문에 대한 다음 대답은 이 책의 결론이다.

"산업 혹은 시장 규모가 꾸준히 커지고 있는 섹터에서 압도적인 점유율을 갖고 있거나, 계속 늘려가는 기업의 주식을 선택하세요."

여기에 한마디 더 덧붙이고 싶다.

"제발 국적은 따지지 말고요."

국내주식이건 미국주식이건 그 어느 나라 주식이건 10배 오르는 주식, 흔히 텐배거(Ten Bagger)로 불리는 주식을 꿈꾼다면 명심해야 하는 내용이자 이 책의 결론이다.

주식투자에는 국경이 없다

필자가 중·고등학교에 다닐 때만 해도 웬만하면 국산품을 사야만 올바른 국민이라는 사회적 분위기가 있었다. 사실 그때는 수입품이라는 말도 잘 쓰지 않았고 '외제'라고들 하였다. 외제를 쓰는 사람은 못된 사람이고 국산을 쓰는 사람은 좋은 사람이라는 식이었다. 외제가 좋은 줄은 다들 알지만 국가가 발전하기 위해서는 국산품을 쓰는 것이 애국의 길이라고 배우기도 했다.

그러나 시간이 흘러 이러한 인식은 바뀌기 시작했다. 1988년 서울올림픽 전후로 한국을 찾는 외국인들이 늘어나면서 내국인의 해외여행이 자유로워졌고 이것은 변화의 시작이었다. 더구나 1990년대 중반을 지나 자유무역체제가 전 세계적으로 확대되면서 국산과 수입산에 대한 차별 대우가 원칙적으로 없어지는 시대가 되었다. 국내에서 판매되는 자동차의 15% 이상이 수입 자동차이고, 국내에서 지금까지 아이폰이 수천만 대나 팔린 것도 자유무역체제가 확립된 덕분에 가능했다.

국내에 일자리가 풍족하지 않으니 해외에서 취업의 기회를 찾으려는 젊은 이들도 많아지고, 제주도에 여행을 가느니 같은 돈으로 동남아에 다녀오거나, 올빼미 쇼핑 관광으로 일본이나 홍콩 등에 쉽게 다녀오는 등 국경에 대한 개념도 과거와는 달라졌다.

강남이나 홍대 부근에서 외국인이 직접 운영하는 식당이나 외국인 종업원을 심심치 않게 볼 수 있게 된 것도 시대적 변화상을 잘 보여준다.

또한 해마다 11월이면 뜨거운 쇼핑 열기를 불러일으키는 연례행사가 열린다. 바로 중국의 알리바바 쇼핑데이와 미국의 블랙프라이데이다. 직접 중국이나 미국까지 가지 않아도 클릭 몇 번이면 해외직구로 전 세계 물건을 대폭 할인된 금액에 살 수 있다. 스마트폰만 있으면 되고 공인인증서도 필요 없으니 오히려 우리나라 쇼핑몰보다 편리하다고 느낄 수도 있다. 어떻게 알았는지 나한테 딱 필요한 쇼핑품목까지 제안해주니 한두 번만 해보면 알리바바나 아마존의 팬이 되는 것은 시간문제다.

스마트폰으로 보는 미드나 외국 영화는 또 어떤가? 언제부터인가 본방 사수라는 말이 별로 쓰이지 않게 되었다. 굳이 본방으로 드라마나 뉴스를 보는 사람도 여전히 있지만 훨씬 많은 사람들이 자기가 보고 싶은 시간에, 자기가 쓰기 편한 기기를 통해서 각종 드라마나 영화를 보고 있다. 음악 스트리밍 서비스도 마찬가지다. 국내 음악뿐만 아니라 해외 음악까지 자유롭게

들을 수 있는 것은 물론, 추천까지 해주는 해외 서비스들이 넘쳐난다.

불과 7~8년 전 넷플릭스가 국내에서 처음 서비스를 시작했을 때만 해도 볼 것이 없다며 폄하했던 사람들이 많았지만, 지금은 분위기가 완전히 달라졌다. 예능인인 유재석 씨가 어떤 이유에서든 '무한도전'에서 하차한 뒤 바로 넷플릭스 오리지널 프로그램에 등장한 것이 시사하는 바를 생각해볼 필요가 있다. 멜론을 비롯한 국내 음악 스트리밍 서비스 가입자 대비 유튜브 프리미엄 서비스 가입자 증가 속도가 훨씬 빠른 것도 주목해야 한다.

이해를 돕기 위해서 넷플릭스 전체 유료 구독자 현황을 함께 살펴보자. 현재 넷플릭스는 전 세계에서 약 2억 3,250만 명의 유료 구독자를 확보하고 있다.

| 전 세계 넷플릭스 유료 구독자 수(2011~2023년) |

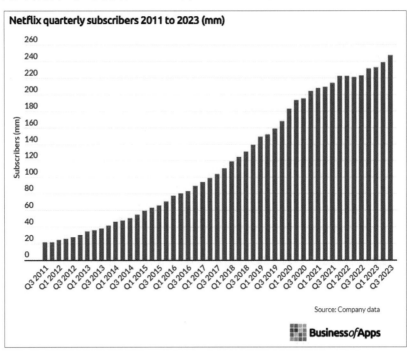

출처: 비즈니스 오브 앱(www.businessofapps.com, 2024.1.29.)

이 외에도 일반 소비자들이 선호하는 해외 브랜드는 셀 수 없이 많다. 나이키, 스타벅스는 말할 것도 없고 마블 코믹스의 '어벤져스' 시리즈가 극장가에 나왔다 하면 관객 1,000만 명은 쉽사리 불러모으는 것도 바로 브랜드의 힘이다.

서비스 브랜드도 마찬가지다. 해외여행에 익숙한 사람들은 부킹닷컴이나 프라이스라인, 익스피디아 등에서 비행기 표는 물론이고 호텔이나 렌터카 등을 직접 예약한다. 오픈테이블을 이용해 해외 유명 맛집도 어렵지 않게 예약할 수 있다. 우리 일상에서 늘 함께하는 PC나 스마트폰도 마이크로소프트, 구글, 애플을 빼놓고는 설명할 길이 없다. 이렇듯 알게 모르게 우리는 수많은 해외 브랜드들에 이미 노출되어 있고, 직접적으로든 간접적으로든 돈을 지불하고 있다.

그런데 이 지점에서 정말 이상한 것이 한 가지 있다. 바로 이들 기업에 투자하는 것은 꺼린다는 것이다. 심지어 아직도 구글이나 애플, 마이크로소프트 주식을 직접 살 수 있다는 사실을 모르는 사람이 절대 다수라고 하면 믿어지는가? 넷플릭스나 유튜브에 매달 1만 원 내외의 사용료를 꼬박꼬박 내는 사람들조차 이들 기업의 주식에 직접 투자할 수 있다는 것을 아는 사람은 극소수다.

필자가 2016년 초에 《미국주식이 답이다》라는 책을 처음 내고서 집안 모임을 한 적이 있다. 그 자리에서 친척 중 한 사람이 이렇게 물었다.

"○○아빠, 그동안 미국에 자주 가던데 주식투자하러 가는 거예요?"

웃자고 하는 얘기가 아니다. 100% 리얼이다. 이처럼 해외주식투자에 대한 인식은 여전히 제한적이다.

주식투자, 결코 어렵게 생각할 것 없다. 가장 기본은 자신이 잘 알고 충성스러운 소비자 역할을 하는 기업부터 시작하면 된다. 그것이 한국 기업이든 미국 기업이든 말이다.

장우석   이항영

첫째마당 ▶ 주식투자, 이제는 미국식으로!

셋째 마당

미국 ETF로 글로벌 산업에 투자하자

넷째 마당

매월 부자가 되는 배당의 기술

다섯째마당

평생 투자를 위한 미국주식 포트폴리오

031 유망주: 향후 주가 상승이 기대되는 기술주 14종목 232

032 성장주: 나스닥 최고의 성장주 18종목 248

준비
마당

왕초보를 위한
미국주식
Q&A

왜 미국주식을 해야 하나요?

노벨 경제학상을 수상한 경제학자이자 〈뉴욕타임즈〉 칼럼니스트인 폴 크루그먼은 "주식시장이 경제와 같다고 말해도 사람들은 믿지 않지만, 실제로 비슷한 부분이 많다. 주식시장은 경제의 한 부분인 기업 이익에 관한 것이며, 현재 또는 가까운 미래의 기업 이익 수준이 아니라 다소 긴 기간에 걸친 기업 이익에 관한 것이다."라고 말했다. 즉 투자자가 정확하게 기업의 이익을 전망하고 분석해서 장기투자를 하면 만족스러운 결과를 얻을 수 있다는 것이다.

또한 CNBC의 진행자 짐 크레이머는 2020년 2월 초에 "이번 코로나19 사태로 또 다른 변수가 생길지 궁금했지만 실제 아무 일도 일어나지 않았다. 시장은 조용했다."라고 말했다. 실제로 주가는 계속해서 사상 최고치를 경신했다. 그는 이렇게 여러 변수로 시장이 단기하락은 할 수 있지만 장기적으로는 상승하는 현상을 미국주식투자의 본질이라고 해석하고 있다. 결국 장기간에 걸쳐 이익을 유지하거나 증가시킬 수 있는 기업을 선별하는 것이 미국주식투자의 핵심이라는 것이다. 따라서 우리가 이러한 기업들에 투자해야 한다고 그는 강조하고 있다.

그렇다면 우리는 왜 미국주식에 투자해야 할까?

첫째, 글로벌 시대의 중심에는 미국이 있다

 알아두세요

시가총액
(Market Capitalization)

주가와 발행 주식 수를 곱한 것이다. 상장한 기업의 가치를 평가하는 지표로, 시가총액이 크다는 것은 실적뿐 아니라 미래 성장에 대한 기대감도 크다는 것을 의미한다. 시장의 기대치를 반영하는 척도 중 하나이며, 기업의 이익이나 자산이 클수록 시가총액도 높아지는 것이 일반적이다.

전 세계 금융시장에서 미국의 존재감은 절대적이다. 그 이유는 전 세계 주식시장 시가총액에서 미국이 차지하는 비중 때문이다.

여기서 잠깐 시가총액의 의미에 대해 알아보자. 초보투자자들이 흔히 하는 실수가 바로 주가, 즉 주식의 가격에 집착하는 것이다. "한 주에 얼마다."라는 말은 부동산으로 말하자면 1㎡당 얼마와 같다. 그렇지만 부동산을 사고팔 때 기준은 결국 집 전체의 가격이다, 1㎡당 가격이 주가라면, 집 가격은 시가총액이다. 시가총액의 의미만 알아도 더 이상 생초보는 아니다.

미국의 시가총액 상위종목을 살짝 훑어보고 넘어가자.

| 미국 시가총액 Top 5 |

순위	기업명	시가총액(달러)
1	애플	2조 8,178억
2	마이크로소프트	2조 7,332억
3	알파벳 A	1조 7,197억
4	알파벳 C	1조 6,988억
5	아마존	1조 5,009억

출처: 트레이딩뷰(2024.1.5.)

* 알파벳 A와 C는 구글의 모회사인 알파벳(Alphabet Inc)의 주식 종목명이다. 알파벳 A는 의결권이 있는 주식, 알파벳 C는 의결권이 없는 주식이다.

다시 본론으로 돌아와서 전 세계 주식시장의 모든 합, 즉 전체 시가총액에서 미국이 차지하는 비중은 무려 약 63.2%다. 그중 우리나라가 차지하는 비중은 얼마나 될까? 5년 전만 해도 1.5% 내외였는데, 더 높아졌으리라는 여러분의 기대와 달리 요즘은 오히려 1.3% 내외로 줄어들었다. 게다가 다음 그림에서 보듯 미국 대기업들의 경우 매출의 40%가 해외에서 발생한다. 즉, 미국주식시장에만 투자해도 전 세계 주식시장에 투자하는 효과를 얻을 수 있는 것이다. 그러니 이왕이면 다양한 글로벌 시장을 포트폴리오에 포함시킬 수 있고 시장의 규모도 큰 미국주식시장으로 눈을 돌리는 것이 바람직하다.

| S&P500 편입 기업들의 미국 국내 및 해외 매출 비중 |

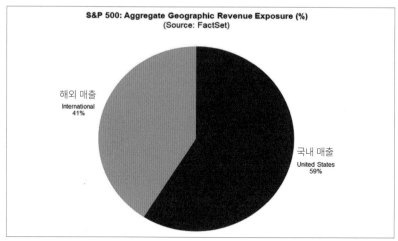

출처: 팩트세트(2024.1.26.)

둘째, 주주 친화정책을 펼친다

미국 기업들은 배당도 많이 주고, 자사주도 꾸준히 사들이며, 회사 측의 가이던스도 정직하다. 반면 국내 기업들은 이와 많은 차이를 보이는데, 특히 주식에 대한 경영자들의 태도가 많이 다르다. 이것을 한꺼번에 설명할 수 있는 말이 주주 친화정책이다. 주주 친화정책이란, 경영진이 주주들에게 모든 것을 정직하게 공유하고 이익을 공유하고자 노력하는 정책이다.

기업의 목적은 무엇일까? 경영학개론 첫 번째 시간에 배우는 말이 있다. "기업의 목적은 주주의 이익을 최대한으로 끌어올리는 것, 그 이상도 이하도 아니다."

경영인이 회사를 잘 운영해서 돈을 많이 벌고 그 과실을 주주에게 잘 나

 알아두세요 ──

가이던스(Guidance)
매출액, 영업이익, 당기순이익 등 기업의 실적에 대한 전망치를 말한다. 한 해 동안의 기업 사업계획을 보여준다. 실적 전망치는 정해진 사업계획을 바탕으로 얼마나 수행을 잘했는지에 대한 예측 혹은 전망치이다. 즉 실적 전망치는 사업계획을 통해 만들어진다고 할 수 있다.

뒤주는 것이 중요하다는 뜻이다. 여기서 말하는 주주는 대주주만이 아니라 모든 주주를 의미한다.

국내 기업은 돈을 벌어서 약 17~18%만 주주에게 나눠준다. 반면에 미국 기업은 약 40%를 나눠준다. 이익이 나면 성장을 위해서 투자도 많이 하지만 여유가 있다면 자기 회사 주식을 매수한다. 자사주 매수(자기 회사 주식 매수, Buyback)가 바로 그것이다. 주식을 사서 소각하면 유통되는 주식 수가 줄어들고 주당 가치가 올라가는 효과가 있어 결국 주가 상승의 요인이 된다. 미국에서는 자사주를 많게는 연간 1조 달러 정도 매입하는 기업도 있다. 이는 주식의 가치를 올리기 위해 많은 노력을 기울인다는 것을 보여준다.

다음은 애플의 과거 7년간 자사주 매입 규모와 전체 주식 수를 보여주는 그래프다. 진한 파란선이 자사주 매입 규모이고, 연한 파란선이 전체 주식 수다.

| 애플의 과거 10년(2013~2023년)간 자사주 매입 규모와 전체 주식 수 |

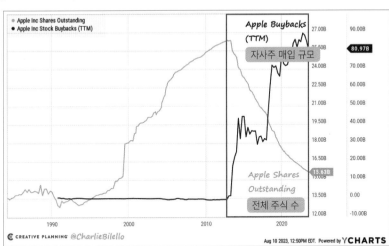

출처: 찰리 빌렐오(2023.8.10.)

가이던스는 기업이 스스로 자사의 현실과 목표치를 밝히는 것을 가리킨다. 미국 기업의 가이던스를 살펴보면 단순한 장밋빛 전망으로 투자자를 현혹하거나 대주주의 눈높이에만 맞춰 소위 뻥튀기하는 전망은 거의 없다. 심지어 투자자 입장에서는 오히려 '너무 보수적으로 전망하는 것이 아닐까?' 하는 생각이 들 정도도. 그렇기 때문에 목표를 초과달성하여 실적을 내는 기업이 평균 70%에 달한다. 국내 기업들과는 사뭇 다른 부분이라고 할 수 있다.

셋째, 실적만 보면 된다

처음 주식투자를 시작하면 궁금한 것이 부지기수다. 기업들은 왜 이렇게 많은지, 주가가 왜 오르고 내리는지, 주가 관련 TV 프로그램은 또 왜 이렇게 많은지 깜짝 놀라게 마련이다. 마치 전혀 모르고 살던 세상이 열리는 것처럼 느껴질 것이다.

초심자의 행운이라고나 할까? 처음 한두 번은 돈을 벌기도 하지만 곧 좌절하게 된다. 시장에는 악재 뉴스가 넘쳐나고, 주변에서 재무제표도 모르고 투자하냐며 핀잔을 주거나 기본적으로 차트는 볼 줄 알아야 한다며 알려주기도 한다.

그런데 미국주식투자는 기본적으로 한 가지만 유의하면 큰 어려움이 없다. 바로 실적만 보면 된다. 물론 재무제표까지 완벽하게 이해하고 확인하면 좋겠지만 대부분의 투자자에게는 요즘 말로 '투머치(too much)'다. 모든 판단과 결정은 단순할수록 좋다. 기업의 매출, 이익과 관련된 핵심 사항만 챙기면 된다.

매출이나 이익이 증가하고 있는지 혹은 정체 내지 하락하고 있는지를 파악하는 것이 미국주식투자의 처음이자 끝이다. 국내주식과 달리 실적과 주가의 상관관계가 거의 95% 이상이기 때문이다. 이에 대해서는 뒤에서 자세히 설명하겠다.

넷째, 150년 역사의 신뢰할 수 있는 주식시장이다

미국에서 근대적인 주식시장이 생긴 지 어언 150년이 넘었다. 미국이 경제성장과 더불어 글로벌 톱에 진입하고 이를 유지하는 과정에서 미국 주식시장은 끊임없이 발전해왔다. 1·2차 세계대전은 물론이고 한국전쟁, 베트남전쟁, 그리고 수차례의 중동전쟁 등 여러 전쟁과 경기침체도 몇 번이나 겪었다. 대공황, 블랙먼데이, 닷컴버블, 리먼 사태에다 최근에는 코로나 사태까지 겪었음에도 미국증시는 꾸준히 상승해왔고 제도적으로도 성숙해왔다.

아픈 역사이지만, 국내증시에서는 수년에 한 번씩 주식시장과 관련된 대형 불공정 매매사건이 터진다. 흔히 작전주식 매매사건이라고 한다. 그러다 보니 주식시장의 공정성에 대한 신뢰도가 낮은 것이 사실이다. 해당 범죄에 대한 형량도 선진국에 비해 턱없이 낮다. 미국은 불공정 매매의 일종인 내부자 거래를 화이트 범죄 중에 최악으로 여기는 만큼 형량도 높다. 또한 초대형 시장인 미국증시에서 실제 불공정 매매가 현실화될 가능성은 매우 적기 때문에 최소한 미국금융시장의 공정성에 대한 신뢰도는 인정할 만하다.

다섯째, 수천 개의 ETF가 있다

 알아두세요

**ETF
(Exchange Traded Fund)**
상장지수펀드로, 자산운용사가 다양한 기준으로 만들어서 운용하는 펀드를 주식시장에서 개별 주식처럼 쉽게 사고팔 수 있는 상품이다.

아무리 그래도 멀리 떨어진 미국에 있는 기업이다 보니 직접 투자하기가 부담스러울 수도 있다. 국내 기업만큼 익숙하지도 않고 정보의 접근성에도 한계가 있는 것이 사실이다. 요즘은 한글로 된 자료도 제법 많아지고 있지만 영어에 익숙하지 않다면 불편함을 느낄 수밖에 없다.

이러한 아쉬움을 채워주는 것이 ETF다. 미국에는 ETF가 2,000여 개나 있고 그 규모도 4조 달러가 넘는다. 한화로 5,000조 원 수준이다.

지수, 섹터, 테마별로 수많은 ETF가 존재한다. 배당투자를 선호한다면 다양한 배당주식을 모아둔 ETF를 선택하면 된다. 특정 국가나 지역 주식을 선택적으로 운용하는 ETF도 쉽게 찾을 수 있다. 금, 은, 구리는 물론 팔라듐 같은 원자재에도 편하게 투자할 수 있는 것이 바로 ETF다. 미국의 밀레니얼 세대 투자자들의 약 58%는 ETF만으로 주식투자를 한다는 설문결과가 있으며 이는 ETF투자가 미국증시에서 일상화되어 있다는 것을 보여준다.

알아두세요

밀레니얼 세대 (Millennial Generation)

1980년대 초반부터 1990년대 중반 또는 2000년대 초반까지 출생한 세대로, 그중에서도 1981년생부터 1996년생까지를 주로 일컫는다. 정보기술(IT)에 능통하며 대학 진학률이 높은 것이 특징이다.

여섯째, 언론과 증권사가 정직하다

필자는 증권업계에서 약 17년 일했고, 그 후로는 언론업계에서 지금까지 약 17년간 일하고 있다. 하지만 이 업계가 투자자 혹은 시청자에게 얼마나 정직하게 객관적인 정보를 제공해왔느냐는 물음에는 웃픈 현실을 고백할 수밖에 없다. 자본주의와 한국만의 기업문화로 치부할 수도 있겠지만 좀 더 신중하고 정직한 접근이 늘 아쉽다.

거의 모든 애널리스트들이 삼성전자나 현대차는 물론이고 LG전자, SK텔레콤, 혹은 대한항공에 대해 일률적으로 매수의견을 제시하는 것이 진짜 가능한 일일까? 삼성전자의 갤럭시나 현대차의 그랜저 시리즈가 새로 출시될 때마다 언론사에서 수만, 수십만 대가 예약주문되었다는 찬사를 쏟아내고, 그때마다 증권사가 발표하는 기대심을 품은 리포트를 얼마나 많은 투자자들이 신뢰할까?

이와는 대조적으로 애플은 아이폰 신제품을 출시할 때마다 창의와 혁신이 안 보인다거나 A/S가 힘들다며 비판받았지만, 사실은 그렇지 않다는 것을 결국 주가로 증명했다.

물론 필자도 그들의 입장을 이해 못 하는 것은 아니다. 특히 증권사 애널리스트 입장에서는 특정 기업에 대해 매도의견은 커녕 중립의견도 내기가 쉽지 않다. 수년 전 한 애널리스트가 모 중견기업에 대해서 부정적인 의견을 냈다가 그 기업은 물론이고 수많은 개인투자자와 해당 증권사 임원에게 크게 문책을 당한 적도 있었다. 부정적인 전망을 내는 순간 일자리가 날아가는 경우가 다반사임은 물론이다.

언론이나 증권사의 분석과 판단에 실망한 투자자들은 오히려 차트 같은 기술적 분석이나 단기적 테마 매매로 눈을 돌리게 마련이고, 그러다 보니 결국 주식투자에서 큰 재미를 보지 못하는 결과로 이어지는 것은 정해진 수순이 아니었을까?

미국 언론의 기업분석은 국내와 사뭇 다르다. 홍보성 자료는 IR 자료를 공식 인용했다고 표시하는 것을 제외하고는 극히 일부다. 기업 스스로도 가이던스를 보수적으로 제시하지만 증권사 애널리스트들도 소신껏 기업을 분석하고 매수·매도의견과 목표주가를 제시한다. 특정 기업에 대해 매도의견을 냈다고 해서 여기저기서 비판받는다는 것은 있을 수 없는 일이다. 분석방법이 틀렸으면 책임을 지면 그만이다. 이런 문화가 정착되어 있는 곳이 바로 미국금융시장이다. 반면 국내주식을 하는 투자자들 중에는 증권사 의견과 반대로만 하면 된다는 사람들도 있다.

다른 건 몰라도 독자들에게 이 이야기는 꼭 하고 싶다. 미국주식에 투자하기로 결심했다면 미국 증권사 애널리스트들의 의견을 믿고 일단 따라가보자.

 알아두세요

IR(Investor Relations)
주가에 긍정적인 영향을 주기 위해 기업이 투자자를 대상으로 펼치는 홍보활동을 말한다. PR이 일반 대중을 상대로 하는 것과 달리 IR은 기관투자가를 대상으로 한다.

일곱째, 쉬지 않고 혁신을 거듭한다

국내주식에만 투자하다가 해외주식에 눈을 돌릴 때 흔히 이런 이야기를 듣곤 한다.

"중국이나 베트남 투자가 더 좋지 않겠어? 성장도 빠르고, 개발도 꾸준히 이루어지고 있으니 수익이 날 수 있잖아."

이 이야기에 수긍하는 사람도 있을 것이다. 하지만 이것은 반은 맞고 반은 틀린 얘기다. 물론 이들 국가는 성장률은 매우 크지만, 민주주의 국가도 아니고 아직은 자본시장이 성숙되지 않아서 변동성이 매우 크다. 특히 영어권이 아니기 때문에 최소한의 정보를 얻기도 현실적으로 매우 어렵다.

물론 미국의 성장률 자체는 이들 나라보다 매우 낮다. 그렇지만 미국에는 우리나라나 여타 국가에 비해서 확실한 장점이 있다. 바로 혁신(Innovation)이다. 지금은 고인이 되었지만, 미국에서 인덱스 펀드의 창시자로 유명한 존 보글(John Bogle, 1929~2019) 뱅가드자산운용 창업자는 미국 자본주의와 금융시장의 역사가 지속적인 혁신의 역사라고 자주 언급했다. 즉, 고인 물이 아니라 계속 새로운 물이 용솟음치는 혁신의 역사라는 것이다.

국내에서는 수십 년 전에도 지금도 가장 큰 기업이 삼성전자이다. 필자를 비롯한 독자들 대부분이 향후 10년 후에도 국내에서는 삼성전자가 1등일 것이라고 생각할 것이다. 삼성전자 이하로도 10년 전이나 지금이나 큰 기업들의 순위에는 변화가 거의 없다. 네이버나 카카오 그리고 셀트리온 정도만이 시가총액 상위에 진입했을 뿐이다.

이에 사람들은 우스갯소리로 기업은 같은데 이름만 자주 바뀔 뿐이라고 이야기하곤 한다. 새로운 기업이 등장하는 것 같지만, 알고 보면 재벌들끼리 혹은 내부에서 회사명을 바꾸거나 인수합병 혹은 분할을 반복할 뿐 결국은 같은 집단이기 때문이다. 한마디로 국내증시는 생동감이 떨어진다. 생동감이 떨어진다는 것은 성장이 멈추었다는 것이고, 그런 현상이 계속 이어질수록 해외 투자자들이 한국에 대한 매력을 느끼기 힘들어진다. 반면에 미국증시에서는 톱 클래스 기업, 심지어 10위권 안의 기업도 자주 바뀐다. 10년 주기로 살펴봐도 1등을 유지하는 경우가 거의 없다.

| 미국의 10년 주기별 시가총액 상위종목 TOP 10 |

Largest U.S. Companies by Market Cap (1960 - 2023)								
Rank	1960	1970	1980	1990	2000	2010	2020	2023
1	AT&T	IBM	IBM	Exxon	Microsoft	Exxon Mobil	Apple	Apple
2	General Motors	AT&T	AT&T	General Electric	General Electric	Microsoft	Microsoft	Microsoft
3	Dupont	General Motors	Exxon	IBM	Cisco	Walmart	Amazon	Alphabet
4	Exxon	Eastman Kodak	General Motors	AT&T	Walmart	Apple	Alphabet	Amazon
5	General Electric	Exxon	Amoco	Philip Morris	Exxon Mobil	Johnson & Johnson	Meta	NVIDIA
6	IBM	Sears Roebuck	Mobil	Merck	Intel	Proctor & Gamble	Berkshire Hathaway	Meta
7	Texaco	Texaco	General Electric	Bristol-Myers	Lucent	IBM	Visa	Tesla
8	Union Carbide	Xerox	Chevron	Dupont	IBM	JP Morgan Chase	Johnson & Johnson	Berkshire Hathaway
9	Eastman Kodak	Genral Electric	Atlantic Richfield	Amoco	Citigroup	AT&T	Johnson & Johnson	Eli Lilly
10	Sears Roebuck	Gulf Oil	Shell Oil	BellSouth	AOL	General Electric	Walmart	Visa
CREATIVE PLANNING				Data as of 12/7/23			@CharlieBilello	

출처: 찰리 빌렐오(2023.7.12.)

대형 유통기업이 사라진 자리를 아마존이, 대형 가전제품 기업이 차지하던 자리를 애플이 차지했다. 100년 역사를 자랑하던 자동차기업의 자리를 테슬라가 이어받고 있는 것이 미국 자본주의의 현실이다. 현재는 애플과 마이크로소프트가 시가총액으로 1, 2위를 다투지만 과연 10년 혹은 20년 후에는 어떨까? 두 기업 모두 어쩌면 10위권 밖으로 밀려날 수도 있고, 지금은 저 밑에 있거나 혹은 상장도 되지 않은 기업이 톱 클래스에 진입할 수도 있을 것이다.

미국의 자본주의는 새롭게 등장하는 기업들이 지속적인 혁신으로 새로운 산업과 시장을 개척하며 새로운 부가가치를 창출하는 과정을 통해 발전해왔다. 이러한 역동성은 미국 경제의 힘이며, 이와 같은 흐름은 앞으로도 계속될 것이다.

미국주식 하려면
영어 잘해야 되나요?

한국어 잘한다고 국내주식 잘하나?

필자는 학교, 방송국 등에서 다양한 형태의 강의를 수없이 진행한다. 일정 수준 이상의 전문적인 투자자를 대상으로 하기도 하지만, 독자들과 같은 평범한 사람들을 대상으로 하는 경우가 대부분이다. 그중에는 미국주식투자를 이미 시작해 필자의 기존 책이나 온·오프라인 강의를 계속 들어온 사람도 있다. 하지만 대다수가 미국주식에 막 관심이 생겼거나 혹은 진짜 큰 관심 없이 우연히 강의를 듣는 분들이다.

이야기를 나눠보면 주식투자 경험도 다양하다. 꽤 오랫동안 국내주식에 투자한 경우도 있고 투자 경험이 불과 2~3년밖에 되지 않은 경우도 있다. 20대 초반부터 70대 어르신까지 연령대도 무척 다양하다. 유튜브 강의의 경우 눈으로 직접 확인할 수는 없지만, 구글에서 제공하는 구독자 데이터를 통해서 성별이나 연령대는 오히려 더 쉽게 파악할 수 있는데, 역시 다양한 연령대가 시청하고 있다. 여기서 하고자 하는 말은 정말로 다양한 계층이 온라인, 오프라인을 막론하고 강연을 찾는다는 것이다.

그런데 이렇게 다양한 수강생들이 거의 일관되게 하소연하듯 질문하는 것이 있다. 아마 이 책을 읽는 독자들도 대부분 비슷한 궁금증을 갖고 있을 것 같다. 그중 가장 많이 하는 질문을 꼽으라면 단연코 "영어도 잘 못하는데 어떻게 미국주식을 하죠?"이다. 여기에 뒤따르는 질문이 있는데 "선생님은 영어를 잘하시니 주식 관련 정보를 많이 찾아서 돈도 벌고 강의까지 하시는 것 아닌가요?"이다.

그러면 필자는 이렇게 되묻는다.

"여기 모이신 분들 중에서 한국말 못하는 분이 혹시 계십니까? 한국말 잘하시니 국내주식에 투자해서 돈도 많이 버셨겠네요."

그러면 거의 대부분이 웃음을 터뜨린다. 나름 필자 강의의 웃음 포인트라고 할 수 있지만, 생각해보면 씁쓸한 생각이 들기도 한다. 강의장에 온 분들과 필자의 생각이 많이 다르기 때문이다.

필자는 한국말을 너무 잘하는 것이 주식투자 수익률에 오히려 좋지 않은 영향을 끼친다고 믿는다. 홈 트레이딩 시스템(HTS)이나 모바일 트레이딩 시스템(MTS)에서 쏟아지는 수많은 기업정보와 뉴스, 그리고 SNS나 온라인 게시판 혹은 유튜브에 넘쳐나는 주식 관련 정보들 중 주식투자에 진짜로 도움이 되는 것들이 얼마나 있을까에 대해 극히 회의적이기 때문이다.

이 생각에 동의하지 않는 사람들도 있겠지만, 필자는 한국에 온 지 얼마 안 된 외국인들이나 한국어에 익숙하지 않은 해외 교포들이 국내주식에 투자할 때 상대적으로 더 좋은 수익을 올릴 수 있을 거라고 본다. 인터넷이나 모바일에서 떠도는 수많은 기업정보에 근거해서 잘 모르는 기업에 투자하기보다는 자신들에게도 익숙하고 보다 글로벌한 기업에 투자할 가능성이 크기 때문이다.

기본이 전부다

필자는 간혹 해외 교포들을 상대로 세미나를 진행하기도 한다. 그런데 현지인같이 영어를 잘하고 주식투자에도 익숙해서 미국주식투자를 하며 나름대로 다양한 게시판에서 정보를 교류하기도 하고, 다양한 단기 트레이딩 기법을 활용하는 사람들 중에 만족할 만한 수익을 내는 경우를 거의 보지 못했다. 오히려 영어가 현지인보다는 분명히 어눌하지만, 직장이나 자영업자의 은퇴자금용 계좌를 통해 우량한 기업에 장기 분산 투자한 경우의 수익률이 훨씬 좋았다.

독자들에게 분명히 말하고 싶다. 미국주식투자를 하기 위해 ABC만 알면 된다고 말할 수는 없지만, 증권 쪽에서 쓰이는 아주 기본적인 용어 정도만 이해해도 차고 넘친다. 국내 증권사들도 요즘은 중요한 정보를 한국어로 많이 제공하고 있고, 온라인이나 모바일에서도 한국어로 제공되는 다양한 콘텐츠를 쉽게 찾을 수 있기 때문이다. 물론 원하는 자료가 없을 수도 있다. 그럴 때는 모바일에서 쉽게 이용할 수 있는 번역기를 활용하자.

어쩌면 필자의 이야기가 과장된 것처럼 느껴질 수 있다. 하지만 끝까지 이 책을 읽고 무작정 따라하다 보면, 충분히 공감할 것이라고 확신한다. 다시 말하지만 한국말을 잘한다는 이유로 국내주식에 투자해서 돈을 많이 번 사람은 없다.

개별주식 매수 전
무엇을 찾아봐야 할까요?

'국내주식투자도 한 번 안 해봤는데 할 수 있을까?', '국내주식에 투자하다가 손해만 봤는데, 해외주식이라고 잘할 수 있을까?', '미국회사를 잘 모르는데 어떻게 투자하지?' 등 미국주식투자를 머뭇거리는 사람들이 우려하는 것은 거의 비슷하다. 이에 필자는 다음과 같이 말한다.

"태어나서 주식투자 한 번도 안 해본 사람들이 오히려 유리해요."

국내주식 좀 해봤다면서 우쭐대는 사람들에게는 이렇게 말한다.

"국내주식투자 하듯이 하면 오히려 큰코다칠 겁니다."

그런 의미에서 미국주식투자 시 꼭 살펴봐야 할 것들을 소개한다.

무슨 일을 하는 기업인가?

국내주식에 투자할 때는 어찌 됐든 국내 기업이다 보니 개인적으로 잘 아는 기업일 수도 있고, 어디선가 들어봤거나 쉽게 검색할 수 있는 경우가 대부분이다. 또한 증권사에서 제공하는 HTS나 MTS를 통해 해당 기업이 어떤 사업을 하는지 정도는 쉽게 알 수 있다. 뿐만 아니라 굳이 알 필요 없는 수많은, 그것도 동일한 내용의 뉴스가 연일 쏟아지는 곳이 국내시장이다.

이와 달리 미국주식 투자자가 처음 겪는 황당함은 투자하려는 기업이 무슨 일을 하는 기업인지조차 잘 알기가 어렵다는 것이다. 물론 증권사의 HTS나 MTS에서 간혹 소개해주기도 하지만 전 종목을 한글로 소개해주는 증권사는 없다.

그러므로 미국의 특정 기업에 투자하려면 그 기업이 어떤 기업인지 최소한의 정보는 스스로 알아내야 한다. 가장 쉬운 방법은 해당 기업의 홈페이지에서 확인하는 것이다. 글로벌 기업들 중에는 한글로 자사를 소개해둔 기업도 꽤 있다. 기업 홈페이지 외에는 위키피디아가 가장 객관적이다. 해당 기업의 개괄적인 사항이나 역사, 주요 제품, 경쟁사까지 일목요연하게 파악할 수 있다. 역시 한글로 제공하는 기업 정보도 많다.

어차피 주식투자는 장기전이다. 투자할 만한 기업들 상당수가 한글로도 정보를 제공할 날이 궁극적으로는 멀지 않았다고 본다. 그리고 영어로 된 자료밖에 없다고 해도 걱정할 필요는 없다. 앞서도 언급했듯이 우리에게는 구글이나 네이버 번역기가 있기 때문이다.

| 위키피디아에서 찾을 수 있는 미국기업 정보 예시 |

실적과 배당 등 재무 상태는 양호할까?

국내주식의 경우 아무리 투자 경험이 많은 사람도 해당 기업의 매출이나 이익이 어떻게 늘거나 줄어드는지, 그리고 언제 실적을 발표하고 그에 대한 증권사의 의견이 어떤지에 대해 관심을 갖는 경우는 거의 없다. 앞서 한번 언급했다시피 그런 수치에 대한 신뢰도 별로 없고, 특히 주가와의 관련성도 크지 않다고 믿기 때문이다. 그보다는 주식시황이나 개인, 기관, 외국인의 수급 상황에 주목한다. 특히 정부 당국이나 해당 기업의 정책뉴스, 홍보성 발표 자료가 중요하다고 믿는다.

이와 달리 미국주식투자에서는 숫자가 정말 중요하다. 그리고 더 중요한 것은 그 숫자가 늘어나는 추세인지 아니면 하락하는 추세인지를 파악하는 것이다.

다행히도 요즘은 미국 기업의 재무정보에 대한 국내 증권사의 관심이 높아지면서 기본적인 정보가 많이 업데이트되고 있다. 그렇지만 증권사의 객관적인 평가나 중립적 기관의 판단에 관한 정보는 일부에서만 제공하고 있어 아쉽다.

아직은 야후 파이낸스나 인베스팅 닷컴 등 해외 사이트나 앱에 대한 의존도가 높지만 결국은 숫자 위주라서 파악하기 어렵지 않다. 이와 관련한 내용은 뒤에서 자세히 설명할 것이다.

미국증시에 대한 월가 전문가들의 시각은 어떠한가?

미국 주요 증권사의 애널리스트와 투자 전략가들에 대한 신뢰성에 대해서는 후한 점수를 주는 것이 타당하고, 그래야만 미국주식투자로 수익을 낼 가능성이 높아진다. 즉 미국 증권사 애널리스트들의 매수·매도의견을 존중할 필요가 있다. 전체 시황을 판단하는 투자 전략가의 의견도 마찬가지다. 이들을 신뢰하지 않고 혼자서 모든 것을 잘 판단하여 투자를 결정할 수도 있지만 개인 투자자로서는 쉽지 않은 선택이다.

국내와 달리 미국에서는 개인도 공매도가 가능하다(단, 국내에서 미국주식을 거래하는 경우는 공매도가 불가능하다). 따라서 애널리스트는 소신껏 투자의견을 내면 그만이다. 애플과 테슬라처럼 개인들에게 인기 많은 주식들의 투자의견이 반드시 긍정적이지 않은 것도 공매도가 자유로워 애널리스트들이 소신껏 의견을 제시하는 것이 가능한 사회이기 때문이다.

요즘은 국내 증권사에서도 미국 주요 기업의 분석 리포트를 자주 발간하고 있지만 미국 현지의 자료보다는 신뢰성이 높지 않다고 본다. 물론 미국 현지 보고서를 직접 구해서 읽는 것은 쉽지 않고, 특히 영어로만 되어 있다는 것이 현실적인 벽인 것은 사실이다. 그렇지만 많은 증권사 리포트의 평균적인 시각을 보여주는 정보는 의외로 쉽게 찾을 수 있고, 국내증권사 HTS에서도 제공하고 있다. 또한 미국 증권사 애널리스트들의 의견을 수치화하거나 추이를 보여주는 정보도 꽤 제공하고 있어 투자 시 많은 도움을 받을 수 있다.

글로벌 금융시장의 흐름은 어떠한가?

필자는 미국주식이 투자의 유일한 답이라고 생각하지는 않는다. 한국은 한국대로 중국은 중국대로 매력이 있고 베트남도 베트남대로 저마다 매력이 있음이 당연하다.

그런데 미국주식투자를 시작하면 덤으로 얻는 것이 하나 더 있다. 바로 글로벌 금융시장의 흐름에 자연스럽게 눈을 뜨게 된다는 것이다. 전 세계 주식시장은 크게 세 가지, 더 세분화하면 네 가지로 구분된다.

알아두세요

MSCI

주식, 채권, 헤지펀드 관련 지수들
과 주식 포트폴리오 분석 도구를
제공하는 기업이다. 2004년 모
건스탠리캐피털인터내셔널이 바
라(Barra)를 인수하며 만들었다.
MSCI Inc 또는 MSCI Barra가
기업명이며 뉴욕 증권거래소에서
는 MXB라는 기호로 표시된다.

MSCI라는 기관 기준으로 나눠보면 북미(미국, 캐나다) 증시, 북미를 제외한 선진국 증시, 한국과 중국 등이 포함된 개발도상국(이머징) 증시의 세 가지로 구분되고, 여기에서 베트남 등이 포함된 프론티어 증시를 따로 분류하기도 한다.

미국주식투자를 시작하면 글로벌 증시에 대한 관심이 커질 수밖에 없고, 이머징마켓이나 유럽증시의 자금 흐름에 대한 소식도 자연스럽게 접하게 된다.

잘 알다시피 이머징마켓에서 비중이 큰 국가 중 하나가 바로 우리 대한민국이다. 이머징마켓에 대한 세계의 관심이 커질 때마다 특히 국내 비중 1위이자 이머징마켓 전체 비중 4위인 삼성전자가 가장 크게 영향을 받는다.

미국주식이 같은 업종의 국내주식에 영향을 미치기도 한다. 예를 들어 테슬라가 주도하는 전기차 시장에 대한 전 세계의 관심이 커지면 국내 증시에서는 관련 기업인 삼성SDI와 LG에너지솔루션이 주목받고, 구글과 메타(구 페이스북)가 SNS와 검색시장의 규모를 키우면 네이버와 카카오 주가도 따라서 긍정적인 영향을 받는다.

미국주식 차트는
어떻게 보나요?

국내주식에 투자할 때는 너무나 일상적이고 당연하게 볼 수 있는 정보인데, 미국주식에 투자할 때는 볼 수도 없고 아예 보여주지 않는 것도 있다. 그래서 이 책을 읽지 않고 미국주식투자를 시작했다면(물론 국내주식투자를 안 해봤다면 이런 질문도 안 하겠지만) 필자에게 다음과 같은 질문을 할 가능성이 높다.

"기관, 외국인 수급은 어디서 보나요?"
"현재가와 가격 차이가 큰 매수 혹은 매도 주문 가격과 수량은 어디서 보나요?"
"주문을 내고 있는 증권사 창구는 어디서 보나요?"
"네이버나 다음과 같은 포털의 주식 게시판은 어디 있나요?"
"주식 전문가들의 리딩(Leading)방송은 없나요?"

이런 질문들에 대답하기에 앞서 필자가 미국주식이든 국내주식이든 투자자에게 늘 먼저 되묻는 것이 있다.
"질문하신 것들을 다 알고 찾아보거나 자문을 구해서 돈 버신 적이 있으세요?"
이에 대한 대답은 독자들도 알고 필자도 안다.

국내에서는 기관, 외국인 매매 창구 등에 관한 정보를 거의 실시간으로 제공하는데, 이러한 정보가 없다면 대한민국에서 소위 리딩을 직업으로 하는 증권 전문가들은 존재하지 못할 것이다.

주식투자에 너무 많은 정보는 필요없다

그런데 중요한 사실이 하나 있다. 선진국에서는 이런 정보를 제공하지 않는다는 것이다. 전 세계에서 지수와 관련된 서비스를 제공하는 대표적인 기관인 MSCI 기준으로 우리나라는 아직 선진국지수에 편입되지 못하고 있다. MSCI가 편입 조건으로 요구하는 것 중 대표적인 것이 바로 기관, 외국인, 창구 등의 정보 제공을 없애라는 것이다. 단순히 생각하면, 그런 정보를 아는 것과 주식투자의 수익률에는 하등의 상관관계가 없다고 보는 것이다.

참고로 미국에서는 1억 달러 이상의 기관투자가만 매 분기 이후 45일이내에 보유내역 보고서(13F 보고서)를 공개하는데 이것이 유일한 의무사항이다. 물론 ETF는 극히 예외적인 경우를 제외하고는 매일매일 보유내역을 공개한다.

 알아두세요

13F 보고서(Form 13F)
미국증시에서 1억 달러 이상의 자산을 운용 중인 기관투자가들이 미 증권거래위원회(SEC)에 제출해야 하는 분기별 보고서다.

호가 정보도 선진국과 달리 국내에서는 한국거래소(KRX)에 국내주식의 주문과 시세가 집중되는데 모든 세부 호가와 전체 호가잔량, 즉 매수측과 매도측의 자세한 가격대와 전체 수량이 공개된다. 그러다 보니 오히려 이런 제도 때문에 허수 주문이 횡행하기도 한다. 또한 증거금이 필요없는 기관이나 외국인이 악용할 소지도 있다.

반면 미국에는 우리나라처럼 1개의 거래소에 모든 주문이 집중되지 않으며, 약 13개 거래소와 약 60개의 대체거래소(ATS)에서 다수의 주문들을 처리하고 있다. 미국에서는 전문 기관투자가들에게 비싼 가격을 지불한 경우에만 전체 호가를 제공한다. 이는 기관투자가가 큰 규모로 주문을 넣을 경우 시장에 미칠 영향을 줄이기 위해서다. 일반 개인투자자들이 이 정보를 모른다고 해서 투자수익에 영향을 받는 일은 전혀 없다. 그런데 키움증권과 한국의 일부 증권사들은 나스닥과 NYSE의 산하 전자거래소(4~5곳)의 호가와 체결가격을 취합한 시세를 고객들에게 무료로 실시간 제공하고 있어, 국내주식과 점차 유사한 투자환경으로 변화하고 있는 상황이다.

국내주식의 경우 증권사가 기업분석을 제공하는 기업은 전체 상장사 2,000여 곳 중 불과 200여 곳에 불과하다. 상황이 이렇다 보니 수많은 개인투자자들은 정보를 얻기 위해 자연스럽게 포털 게시판이나 각종 SNS 종목 토론방을 기웃거리게 된다. 그러나 여기도 전문지식이 부족한 내용이 대부분이어서 악용될 소지가 많다. 미국에도 몇몇 사이트가 있지만 우리나라 같지는 않다.

미국의 경우에도 소규모의 독립 리서치 회사가 꽤 있지만 시장에 미치는 영향력은 제한적이다. 이미 월가에서 활약하는 2,500여 명의 애널리스트들이 객관적인 자료를 충분히 제공하고 있기 때문이다.

이러한 점들을 고려할 때, 국내주식에 투자할 때와 마찬가지로 미국주식에 투자하면서 국내 포털이나 각종 SNS, 토론방, 심지어 국내주식만 경험한 자칭 전문가들의 리딩방송 혹은 유튜브에서 종목을 상담받거나 토론하는 것은 매우 주의해야 한다. 감히 이야기하지만 대한민국에 미국주식 전문가는 거의 없다. 필자인 우리도 마찬가지다. 다만 우리는 남들보다 조금 먼저 경험한 덕분에 조금 더 알 뿐이다. 따라서 SNS나 유튜브에서는 어떻게 정보를 구하는지 그 방법만 질문하고 검색하면 된다. 유튜브 같은 곳에서 특정 종목에 대한 판단과 답변을 얻어 투자하는 것은 위험한 일이다.

실적에 집중하자

이미 그런 분들이 있을지도 모르겠지만, 최소한 미국주식과 관련된 리딩방송에는 절대로 기웃거리지 말라고 조언하고 싶다. 국내주식 리딩방송의 대부분은 차트와 수급 정보에 최근 뉴스를 합친 내용을 다룬다. 미국주식투자에서 이런 방식은 꿈도 꾸지 말라고 말하고 싶다. 미국 증권사 중에서 국내처럼 수많은 기업별 뉴스를 세세하게 보여주는 곳은 단 한 곳도 없다. 대부분의 뉴스가 실적과 관련된 내용이다.

그런 면에서 미국증시는 오히려 접근이 편하다고 할 수 있고, 이것은 실제 경험한 사람들도 수긍하는 부분이다. 미국주식투자는 실적 그 이상, 이하도 아니라는 것을 꼭 기억하기 바란다. 그 외에는 모두 잊어버려도 무방하다.

미국주식, 안 자고 밤새 해야 하나요?

미국주식 거래시간

국가	거래시간 구분		
미국(뉴욕 기준)	정규장		09:30~16:00
	장 시작전거래(Pre-Market)		04:00~09:30
	장 마감후거래(After-Market)		16:00~20:00
한국(한국 기준)	주간거래(Over-night Session)		09:00~17:00
	장 시작전거래 (Pre-Market)	서머타임 적용	17:00~22:30
		서머타임 해제	18:00~23:30
	장 마감후거래 (After-Market)	서머타임 적용	05:00~09:00
		서머타임 해제	06:00~10:00

거래시간에 구분이 있다

미국주식시장에는 기본적인 정규장이 있고, 정규장 전에 열리는 주간거래(Over-night Session), 장 시작전거래(Pre-Market), 정규장 후에 이어지는 장 마감후거래(After-Market)가 존재한다. 이것은 정규장 시간 외에 추가로 부여한 거래시간에 이루어지는 거래로 '시간외거래'라고 하며, 정규장과 동일한 매매방식으로 거래하고 생각보다 거래도 제법 활발하다.

잠깐만요

주간거래란?

주간거래는 한국시간 기준 오전 9시~오후 5시(서머타임 기준 미국시간 오후 8시~오전 4시)에 거래할 수 있는 시장이다. 주간거래는 미국대체거래소를 통해 이루어지며, 대체거래소는 NYSE(뉴욕증권거래소)와 같은 정규 거래소는 아니지만 SEC(미국 증권거래위원회)로부터 허가를 받아 미국의 야간시간대에 미국주식 매매서비스를 제공한다. 미국 정규시장은 한국 기준으로 심야에 진행되기 때문에, 주간거래는 야간 투자에 힘들어하는 한국 투자자들에게 편리한 투자환경을 제공한다.

이처럼 정규장만 있는 한국 주식시장과는 다른데, 이런 시간외거래는 왜 존재할까?

첫째, 미국에서는 정규장이 아닌 시간외거래 시간에 실적을 발표한다. 그뿐만 아니라 주요 기업들의 투자의견 상하향, 목표주가 상하향 소식 등 주가에 영향을 미칠 만한 정보도 시간외거래 시간에 발표한다. 주가에 영향을 주는 정보인 이러한 이벤트가 공개되면 주가의 변동성이 커진다. 하지만 거래시간이 충분하면 주가가 대부분 상승하든 하락하든 안정을 되찾고 변동성도 줄어든다. 따라서 시간외거래는 주가의 변동성을 줄여주는 추가 거래로서 실제 정규장거래의 안정을 도모하는 역할을 한다.

둘째, 미국주식시장은 전 세계 주식시장 중에서 가장 크며 약 55%를 차지한다. 따라서 세계 여러 나라에서 수많은 투자자가 투자하고 있다. 하지만 시차라는 극복하기 어려운 장벽이 존재하므로, 이를 해소하기 위해서 시간외거래를 추가해 하루 16시간이라는 긴 시간 동안 거래가 가능하도록 한 것이다. 시간외거래가 가능한 시간에는 국내에서도 거래하기가 용이하다. 하지만 현재 국내 증권사 사정상 일부 시간외거래만 제공된다는 점을 알아두기 바란다.

서머타임(Summer Time)

하절기에 표준시를 원래 시간보다 한 시간 앞당기는 것을 말한다. 실제 낮 시간과 사람들이 활동하는 낮 시간 사이의 격차를 줄이기 위한 제도로 보통 3월 중순에서 11월 초까지 이어진다. 일조 시간이 긴 여름에 더 일찍 활동을 시작함으로써 낮 시간을 절약해 오후에 더 밝은 상태에서 활동할 수 있는 효과가 있으며, 직장이나 학교에서는 조명과 연료 등의 절감 효과를 기대할 수 있다. 우리나라에서는 서머타임을 실시하지 않으나 미국에서는 서머타임을 실시하므로, 미국주식투자 시 잘 알아두어야 한다.

| 미국 향후 서머타임 일정 |

연도	서머타임 시작	서머타임 종료
2024	3월 10일 일요일	11월 3일 일요일
2025	3월 9일 일요일	11월 2일 일요일

시간외거래(Pre-Market, After-Market)에는 특징이 있다

정규장에서는 특정 종목의 시가, 고가, 종가, 거래량 등 매매정보가 기록되어 투자자에게 유용한 정보로 쓰이지만 시간외거래 내역은 시가, 고가, 종가와 거래량 등 당일 거래 정보에 포함되지 않으니 유의하자. 또한 특정 거래일에는 반만 열리는 반장이 있으며, 정식 명칭은 조기폐장일이라고 한다. 이 경우 시간외거래 시간도 조정되니 각 증권사의 거래시간 안내 사항을 확인해야 한다.

미국의 조기폐장일(장 마감후거래가 없는 날)

1. 추수감사절 다음 날인 금요일은 블랙프라이데이로 거래시간이 단축된다. 예를 들어 추수감사절이 11월 22일 목요일이면 11월 23일 금요일은 동부시간 오후 1시에 주식시장을 조기 마감한다.
2. 크리스마스 전일인 크리스마스이브에 거래시간이 단축된다. 예를 들어 크리스마스가 12월 25일 화요일이면 12월 24일 월요일은 동부시간 오후 1시에 주식시장을 조기 마감한다.

미국의 휴장일

미국의 휴장일은 우리나라와 다른 점이 있다. 미국에는 주말과 연결되지 않는 한 연휴라는 개념이 없다. 휴장일이 금요일이면 금, 토, 일이 연휴가 되고, 휴장일이 월요일이면 토, 일, 월이 연휴가 된다. 주중에 2일 이상 휴일이 없다는 점도 우리나라와 다르다. 또한 미국에는 날짜가 아니라 요일이 기준인 휴장일이 존재한다. 예를 들어 미국의 Martin Luther King Jr. Day(마틴 루터킹 탄생일)는 1월 셋째 주 월요일로, 2020년에는 Martin Luther King Jr. Day가 1월 20일이었고, 2021년에는 1월 18일이었다. 물론 1월 1일과 12월 25일 등은 날짜로 고정된 휴일이다.

| 2024~2025년 미국주식시장 휴장일 |

Holiday	2024년	2025년
New Year's Day(새해)	1월 1일 월요일	1월 1일 수요일
Martin Luther King Jr. Day(마틴 루터킹 탄생일)	1월 15일 월요일 (1월 셋째 주 월요일)	1월 20일 월요일
Washington's Birthday(워싱턴 탄생일)	2월 19일 월요일 (2월 셋째 주 월요일)	2월 17일 월요일
Good Friday(성 금요일)	3월 29일 금요일 (부활절 직전 주의 금요일)	4월 18일 금요일
Memorial Day(현충일)	5월 27일 월요일 (5월 마지막 주 월요일)	5월 26일 월요일
Juneteenth National Independence Day(노예 해방의 날)	6월 19일 수요일	6월 19일 수요일
Independence Day(독립기념일)	7월 4일 목요일	7월 4일 금요일
Labor Day(노동절)	9월 2일 월요일 (9월 첫째 주 월요일)	9월 1일 월요일
Thanksgiving Day(추수감사절)	11월 28일 목요일 (11월 넷째 주 목요일)	11월 27일 목요일
Christmas Day(성탄절)	12월 25일 수요일	12월 25일 목요일

* Juneteenth National Independence Day는 2021년에 처음 휴일로 지정되었는데, 노예제도의 종식을 기념하는 미국의 연방 공휴일이다. 미국 남북전쟁이 끝나가던 1865년 6월 19일, 고든 그레인저 소장이 텍사스에서 노예해방 선언의 최종 시행을 명령한 날을 기념하는 날로, '6월'과 '19일'의 합성어인 준틴스(Juneteenth)로 불린다. 2021년 조 바이든 대통령이 제17회 독립기념일 법안에 서명하면서 연방 공휴일로 인정받았다.

핵심 활용 사이트 8선

1. 야후 파이낸스(finance.yahoo.com)

미국주식에 투자하고자 한다면 꼭 기억해야 할 기본 중의 기본 사이트다. 주요 지수, 시장 및 종목 뉴스, 시세, 차트, 재무데이터, 주요 주주현황, IPO(기업공개) 배당 및 분할 일정 등 미국주식의 전반적인 정보를 한 번에 제공한다. 정보가 너무 많다 보니 대부분이 일부만 활용하는데, 특히 실시간 시세를 제공하므로 시세 위주 검색에 활용하는 경우가 많다.

참고로 애플의 실시간 시세를 보면 다음과 같다. 시세 옆에 또 다른 시세가 표기되는데, 이것이 시간외거래 시세다. 야후 파이낸스는 실시간뿐만 아니라, 시간외거래 시세까지도 제공한다(시간외거래에 대한 설명은 앞서 설명한 부분을 참고하기 바란다).

애플의 시간외거래 시세는 142.06달러로 제공시간은 EDT 오후 7시 59분이다. 여기서 EDT는 미국의 동부시간을 뜻하며 뉴욕 시간을 표기한다.

출처: 야후 파이낸스

또 볼만한 부분은 바로 Historical Data인데, 여기에는 세 개의 탭이 있다.

먼저 Time Period는 기간을 설정하는 메뉴로 1일, 5일, 3개월, 6개월, 연중, 1년, 5년, Max(전체 기간)로 분류되어 있다. 여기서 Max는 전체 기간이므로 조회하면 최초로 상장한 날도 알 수 있다. 예를 들어 제이피모건체이스(JPM)의 최초거래일을 알고 싶다면 기간을 Max로 설정하고 실행한다. 그러면 상장일이 1980년 3월 17일임을 알 수 있다. 다른 기업들도 이렇게 조회해보면 의외의 정보를 얻을 수 있다.

두 번째 탭은 Show인데 종가, 배당, 분할(Stock Splits)로 구분되어 있다.

세 번째 탭은 Frequency로 주기를 나타낸다. 일간, 주간, 월간으로 구분되어 있다.

사용할 때는 제일 먼저 Show에서 어떤 정보를 얻을 것인지 선택한다. 그다음으로 기간을 설정하고 주기를 선택하면 보고 싶은 정보를 쉽게 얻을 수 있다.

그럼 실습으로 워런 버핏이 사랑하는 배당종목인 코카콜라의 5년간 배당내역을 찾아보자. 가장 먼저 Show에서 Dividends Only를 선택하고, 다음으로 10년이라는 기간을 설정한다. 주기는 일간으로 설정하고 Apply를 클릭하면 원하는 정보가 나온다. 다음 화면이 나오지 않았다면 다시 연습해보길 바란다.

Time Period: Jan 09, 2019 - Jan 09, 2024 ⌄	Show: Dividends Only ⌄	Frequency: Daily ⌄	Apply

Currency in USD   ⬇ Download

Date	Dividends
Nov 30, 2023	**0.46** Dividend
Sep 14, 2023	**0.46** Dividend
Jun 15, 2023	**0.46** Dividend
Mar 16, 2023	**0.46** Dividend
Nov 30, 2022	**0.44** Dividend
Sep 15, 2022	**0.44** Dividend
Jun 14, 2022	**0.44** Dividend
Mar 14, 2022	**0.44** Dividend
Nov 30, 2021	**0.42** Dividend
Sep 14, 2021	**0.42** Dividend
Jun 14, 2021	**0.42** Dividend
Mar 12, 2021	**0.42** Dividend
Nov 30, 2020	**0.41** Dividend
Sep 14, 2020	**0.41** Dividend
Jun 12, 2020	**0.41** Dividend
Mar 13, 2020	**0.41** Dividend
Nov 29, 2019	**0.4** Dividend
Sep 13, 2019	**0.4** Dividend

출처: 야후 파이낸스

끝으로 많이 검색하는 것이 바로 Chart인데, 여기에도 많은 기능이 숨어 있다.

먼저 Chart 메뉴로 들어가면 실제 기간별로 차트를 조회할 수 있고, 차트 주기도 분단위부터 1년까지 다양하게 적용할 수 있다.

특히 유용한 기능은 Comparison이다. 특정 종목을 주요 지수, 그리고 다른 종목들과 비교해서 표기해주므로 분석에 상당한 도움이 된다.

예를 들어 코카콜라와 S&P500지수의 5년간 수익률을 비교해보면 다음과 같은 차트가 보일 것이다. 구별하기 쉽도록 코카콜라는 파란색으로, S&P500지수는 붉은색으로 표기했다.

출처: 야후 파이낸스

2. 팁랭스(www.tipranks.com)

이 사이트의 가장 큰 특징은 개별종목에 대한 월가 애널리스트들의 평균 의견과 목표주가를 한눈에 볼 수 있다는 것이다.

출처: 팁랭스

첫 화면의 빈칸에 확인하고자 하는 종목의 심볼이나 회사명을 입력하면 바로 결과를 볼 수 있다.

아마존의 평균 투자의견과 목표주가를 조회해보자. 참고로 아마존의 심볼(티커)은 AMZN이고, 회사 이름은 Amazon이니 검색하면 다음과 같은 결과가 나온다. 물론 시기마다 의견과 목표주가가 달라지며, 조회시점에 따라서 결과가 달라질 수 있음을 참고하기 바란다.

출처: 팁랭스

이 사이트에는 추가 기능이 있는데 바로 Calendars다. 일정을 확인하는 기능인데 실적과 배당 그리고 휴장일, IPO 일정도 확인할 수 있다. 특히 배당이나 실적을 확인할 때 아주 유용하다. 배당에서 보여주는 기준일은 배당락일이므로, 앞서도 언급했듯이 배당을 받으려면 배당락일 하루 전에 주식을 매수하면 된다.

배당일정에 Payment Date라고 있는데, 이는 미 현지의 배당지급일이다. 다만 국내에서 배당을 지급받을 때는 현지 배당지급일보다 수일이 더 소요된다는 점을 감안해야 한다.

3. 핀비즈(www.finviz.com)

모든 정보를 한눈에 보여주는 복합정보제공 사이트로 유명하다. 시세는 물론이고 주식투자에 필요한 모든 재무정보와 투자의견, 뉴스와 차트까지 한 화면에 제공한다.

뿐만 아니라 Screener 기능을 통해 알고 싶어 하는 정보만 따로 찾아주기도 한다. 물론 빈칸마다 채워 넣어야 하는 수고로움이 있지만, 그 결과로 충분한 보상으로 여길 만한 정보를 얻을 수 있으니 꼭 실행해보기를 권한다.

그리고 많은 사람들이 이용하는 정보로 Maps가 있다. 여기에서는 수많은 미국 종목들의 시가총액별, 업종별로 상승과 하락을 보여주고, 미국주식을 포함해서 전 세계 증시상황, 그리고 ETF까지 일자별로 제공한다. 다만, 상승과 하락을 표기할 때 색깔이 국내와는 정반대라는 점은 반드시 기억해야 한다. 국내 전광판에서 보듯이 주로 시퍼렇다고 해서 하락한 것이 아니라 반대로 상승한 것이라는 점을 잊지 말자.

출처: 핀비즈

4. ETF.com(www.etf.com)

ETF에 대한 모든 정보를 보여주는 사이트다. 다음 첫 화면에서 정보를 얻고자 하는 ETF의 심볼을 입력해 검색하면 관련 정보를 찾아준다.

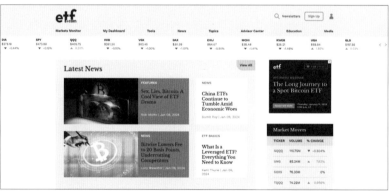

출처: ETF.com

특히 ETF의 특징, 운용방법 그리고 재무정보, 편입국가, 업종, 보유종목현황을 아주 간단하고 명확하게 표기해서 알려준다.

5. 스톡차트(stockcharts.com)

차트분석을 선호한다면 사용하기 좋은 사이트다. 미국주식정보 사이트 중에서 차트
분석이 가장 뛰어나다. 기술적 분석상 52주 신고가 종목, 최근 거래량이 늘어난 종목,
50일선과 200일선이 교차한 종목 등 다양한 정보를 보여주므로 많은 시간을 절약할
수 있다. 개인적으로 차트분석을 선호하지는 않지만, 가끔 해당 주식의 추세를 알아볼
때 꼭 필요한 사이트이기도 하다.

	Total	Technical Indicators	NYSE	Nasdaq	AMEX	OTC	TSI	TSXV	LSE	NSE	Mutual Funds
							Equities				
		Report for: 9 Jan 2024									
Bullish Technical Indicators											
417		New 52-week Highs	80	60	41	12	29	5	28	150	95
149		Strong Volume Gainers	4	33	10	20	6	10	10	49	
73		Bullish 50/200-day MA Crossovers	27	20	5	4	3	2	9	3	126
63		Bullish MACD Crossovers	5	16	4	11	7	7	1	9	3
3		Oversold with an Improving RSI	0	1	0	1	0	1	0	0	0
252		Moved Above Upper Bollinger Band	28	63	7	35	16	13	19	64	12
273		Moved Above Upper Price Channel	46	83	10	18	21	4	26	60	10
198		Moved Above Upper Keltner Channel	18	57	7	13	12	12	14	58	153
164		Improving Chaikin Money Flow	32	39	12	22	14	11	15	12	
411		New CCI Buy Signals	65	112	28	54	26	29	30	57	24

출처: 스톡차트

6. 슬릭차트(www.slickcharts.com)

미국주식에 투자하다 보면 가장 기본적인 정보가 궁금할 때가 있는데 이럴 때 보면 좋
은 사이트다. 미국의 주요 3대 지수인 다우지수와 나스닥지수, S&P500지수에 편입
된 종목들의 편입비중과 등락률 등의 현황을 볼 수 있다.

실제 다우지수를 비롯해서 나스닥지수, S&P500지수의 편입종목들에 변화가 왕왕 있
으므로 이런 정보는 더욱 필요하다. 물론 다른 정보 사이트에서도 기본적으로 제공하
지만, 이 사이트가 가장 심플하고 보기 편하게 서비스한다.

출처: 슬릭차트

7. 섹터 SPDRs(www.sectorspdr.com)

업종별 등락과 편입종목, S&P500지수 내 업종별 비중을 확인할 수 있는 사이트다. 특히 포트폴리오를 구성할 때 업종별 비중을 확인하면 상당히 도움이 되며, 업종별 편입종목을 참고해서 보다 다양하게 포트폴리오를 구성할 수 있다.

출처: 섹터 SPDRs

또한 개별종목이 아니라 해당 업종 전체에 투자하고 싶을 때 유용한 업종별 ETF에 대한 정보도 정확하게 제공한다.

알아두면 유용한 업종별 용어를 간단히 정리했다.

- Communication Services: 커뮤니케이션 서비스
- Consumer Discretionary: 임의소비재
- Consumer Staples: 필수소비재
- Energy: 에너지
- Financials: 금융
- Health Care: 헬스케어
- Industrials: 산업재
- Materials: 소재
- Real Estate: 부동산
- Technology: 기술
- Utilities: 유틸리티

8. 데이터로마(www.dataroma.com)

투자를 하다 보면 워런 버핏 같은 투자 귀재의 포트폴리오나 세계적인 투자은행(IB)
들의 포트폴리오가 궁금할 때가 있는데 이럴 때는 데이터로마에서 찾으면 된다. 이 포
트폴리오들을 참고만 하든, 그대로 따라하든 그건 각자 결정할 문제다.

출처: 데이터로마

앞서 1억 달러 이상의 미국주식을 보유한 기관은 분기마다 보유변동분을 미 증권거래
위원회에 보고해야 한다는 규정을 배웠다. 데이터로마의 포트폴리오들은 이 13F 보
고서 자료를 기반으로 한다.

다른 메뉴는 중요하지 않고, 왼쪽에서 세 번째 메뉴인 Superinvestors만 기억하
자. 그럼 실습으로 워런 버핏의 포트폴리오를 찾아보자. 워런 버핏은 버크셔해서웨
이(Berkshire Hathaway)라는 지주회사를 운영하고 있으므로, 영문 Berkshire
Hathaway Inc를 선택하면 보유종목 현황을 볼 수 있다. 먼저 Superinvestors 메
뉴를 클릭한다. 그리고 Warren Buffett-Berkshire Hathaway를 선택한다. 그런
다음 자세한 내역을 보면 된다. 꼭 한 번씩 연습해보고 투자에 활용하기 바란다.

첫째
마당

주식투자,
이제는
미국식으로!

미국의 투자 환경 이해하기

가격제한폭과 동시호가 제도가 없다

 알아두세요 ─────

가격제한폭(상하한가제도)

주식시장에서 개별종목의 주가가
하루 동안 오르내릴 수 있는 한계
를 정해둔 것으로, 주가가 지나치
게 변동될 경우 시장의 충격을 덜
어주는 완충장치 역할을 한다. 미
국과 유럽의 경우 주식시장에 가
격제한폭이 없다. 국내에는 1995
년에 도입되었고, 1998년부터 계
속 15%로 운영되었으나 2015년
6월 15일부터 30%로 확대되었
다. 가격제한폭까지 오르는 것을
상한가라고 하고, 가격제한폭까지
떨어지는 것을 하한가라고 한다.

가격제한폭이 없다

미국에는 주가가 상승하는 데도 제한이 없고 하락하는 데도 제한이 없
다. 반면 국내에서는 주식이 많이 상승해서 +30%에 도달하면 더 이상
상승이 제한되고, 많이 하락해서 −30%에 도달하면 하락이 제한된다. 하
지만 미국에는 이런 제한이 없어서 이론적으로는 90% 이상 상승하거나
하락할 수도 있다.

혹자는 이러면 매우 위험하지 않을까 걱정하지만, 시장 자체에 조절기
능이 있어서 오히려 시장 자율에 맡기면 된다는 것이 미국을 포함한 선
진시장의 생각이다. 쉽게 말해서 주식을 사고 싶으면 아무리 높은 가격
일지라도 매수가 가능하고, 주식을 팔고 싶으면 아무리 낮은 가격일지
라도 매도가 가능해야 한다는 것인데 필자의 생각도 같다. 이를 제한하
는 것이 오히려 시장을 더 왜곡시킨다고 생각한다.

실제 미국의 전체 상장종목 수는 8,000여 개로 전 세계 주식시장의 55%
를 차지하지만, 하루에 등락폭이 ±30% 이상인 종목 수는 10개 미만이
다. 우리가 우려하는 것처럼 급등락의 종목 수가 그리 많지 않은 것이다.

동시호가가 없다

미국에는 동시호가도 없다. 그 이유는 간단하다. 존재할 이유가 없기 때문이다. 실제 국내주식시장의 경우 동시호가로 가짜 매수나 매도를 보여주면서 가격을 왜곡하거나, 주문을 넣었다 취소하는 것을 반복하며 시장을 교란하는 경우가 많다.

미국주식시장에서는 개인의 공매도가 허용된다

미국은 우리나라와 달리 개인의 공매도를 자유롭게 허용한다. 하지만 우리나라에서는 국내주식의 형평성 문제로 인해 공매도를 제한하고 있다. 사실 국내에서는 공매도에 대한 찬반의견이 팽팽하고, 많은 사람들이 공매도를 필요 없다고 생각하거나 부정적으로 본다.

공매도는 단점도 있지만, 특정 기업의 단점이나 허점을 찾아내는 순기능도 있다고 보는 것이 선진시장의 관점이다. 그리고 애널리스트가 기업리포트를 쓸 때 공매도 덕분에 매도의견을 자유롭게 쓸 수 있다는 부분도 고려해야 한다.

실제 공매도는 없는 주식을 매도하는 것이 아니라, 빌려서 매도하는 것이다. 따라서 대주매도가 맞는 표현으로 주가의 하락이 예상될 때 취할 수 있는 투자방법이다.

일반적으로 매수하고 매도하는 형태를 롱(Long)포지션이라고 하고, 반대로 매도하고 매수하는 형태를 숏(Short)포지션 혹은 공매도라고 한다. 일반적으로 롱포지션은 주가가 상승하면 수익이 발생하고, 숏포지션은 주가가 하락하면 수익이 발생하는 구조다.

미국주식을 거래할 때는 해당 종목의 공매도 비중을 반드시 확인해야 한다. 다수의 투자자들이 해당 종목의 하락에 베팅하고 있는지, 그렇다

알아두세요

동시호가

거래가 폭주하는 장 시작 직전이나 장 마감 직전에는 순서대로 주문을 체결시킬 경우 전산시스템의 거래가 원활하지 않게 된다. 그래서 호가와 수량 주문만 받고 모든 거래를 동시에 들어온 것으로 간주하여 주문을 받는다. 이것을 동시호가라고 하며, 공식적으로는 단일가매매 시간이라고 한다. 국내주식시장에서는 오전 8:00~9:00, 오후 3:20~3:30이 이에 해당하며, 매매우선 원칙 중 시간우선의 원칙이 무시되기 때문에 가격우선의 원칙 바로 다음에 수량우선의 원칙이 적용된다.

알아두세요

공매도(Short Stock Selling)

말 그대로 '없는 것을 판다'는 뜻이다. 개인 혹은 단체가 주식, 채권 등을 보유하지 않은 상태에서 매도주문을 내는 것을 말한다. 매도한 주식·채권은 결제일 이전에 구해 매입자에게 갚아야 한다. 주가하락이 예상되는 시점에 시세차익을 내기 위한 방법 중 하나로, 초단기로 매매차익을 추구할 때 주로 사용한다. 주식시장에 유동성을 공급하는 반면, 시장 질서를 교란시키고 불공정거래 수단으로 악용되는 측면이 있다. 국내주식시장에서는 원칙적으로 공매도가 허용되지 않으나, 증권시장의 안정성 및 공정한 가격 형성을 위해 법령에 따라 가능한 경우도 있다.

면 그 이유가 무엇인지 따져볼 필요가 있다. 숨어있는 악재가 있을지도 모르기 때문이다.

미국에서는 공매도의 정도를 쉽게 파악하기 위해서 숏 인터레스트(Short Interest)라는 용어를 쓰는데, 이는 해당 종목의 공매도 물량을 나타내거나 평균거래량을 기준으로 며칠을 커버(공매도를 청산)해야 하는지 그 기준을 숫자로 보여주는 것이다. 예를 들어 A라는 종목의 평균거래량이 100만 주이고, 숏 인터레스트가 2라면 현재 공매도 물량이 200만 주이고, 이를 커버하는 데 평균거래량 기준으로 2일이 소요된다는 뜻이다.

> **잠깐만요**
>
> ## 적정 숏 인터레스트란?
>
> 숏 인터레스트가 2~5 사이면 평균값으로 보며, 평균거래량을 기준으로 2~5배의 공매도 물량이 쌓여있다는 뜻이다. 10이 넘어가면 공매도 물량이 매우 많은 것을 의미하므로 그 이유를 알아봐야 한다. 이외에도 공매도 물량이 발행주식 수의 몇 %, 유통주식 수의 몇 % 인지를 보고 공매도의 정도를 파악하기도 한다. 여기서 발행주식 수는 회사가 발행한 전체 주식 수이고, 유통주식 수는 발행주식 수 중 시장에서 유통되는 주식을 가리킨다.

공매도는 매우 위험한 투자방법으로 일반적인 매수·매도의 경우 손실이 최고 0이지만, 공매도는 손실이 무한이다. 가령 1,000원짜리 주식이 하락할 것이라고 생각해서 1,000원에 공매도를 했는데, 주가가 거꾸로 상승해서 3,000원이 되었다면 나머지 2,000원은 증권사에 변상해야 한다. 미국에서는 이런 일이 간혹 벌어지며 투자자가 파산하는 최악의 상황이 일어나기도 한다.

공매도는 청산 혹은 손절이 매수이므로 시장이 상승할 때 상승을 더 부추기는 수단이 되기도 한다. 이와 관련해서 미국에서는 종목별 공매도 현황을 2주마다 공표한다. 다음은 공매도 현황을 볼 수 있는 나스닥 공식 사이트로 애플의 공매도 현황이다.

AAPL > AAPL SHORT INTEREST

AAPL Short Interest

Settlement Date	Short Interest	Avg. Daily Share Volume	Days To Cover
12/29/2023	108,220,157	42,416,650	2.55136
12/15/2023	120,233,720	60,940,693	1.972963
11/30/2023	110,653,413	42,011,310	2.633896
11/15/2023	105,837,123	60,959,948	1.736175
10/31/2023	98,190,963	55,904,604	1.756402
10/13/2023	93,026,130	50,198,437	1.853168
09/29/2023	94,725,628	58,263,940	1.625802
09/15/2023	107,325,921	75,396,415	1.423488

출처: 나스닥

위 표는 공매도 현황을 보여주는 것으로, 날짜별로 공매도 잔량인 숏 인터레스트와 그 오른쪽으로 해당 종목의 하루 평균거래량(AVG, Daily Share Volume)을 보여준다. 이를 통해서 공매도 된 주식 수를 평균거래량으로 나눈 값(Days To Cover)이 정해지는데, 현재 공매도 잔량(공매도 포지션에 있는 주식의 합, Short Interest)은 하루 평균거래량 대비 비율을 보여주는 것이다. 만약 Days To Cover가 1.584라고 하면 공매도가 하루 평균거래량의 1.584배라는 뜻이다. 결국 Days To Cover로 공매도가 많다, 적다가 정해지며 보통 10 이상이면 많다고 본다.

실시간 수급데이터가 없다

앞서 언급했듯이 미국은 우리나라와 달리 개인, 외국인, 기관의 실시간 수급데이터를 제공하지 않는다. 수급데이터는 매일 시장의 매수, 매도 세력을 나타내는 통계로, 어느 날은 기관이 매수하고 어느 날은 외국인이 매도하는지 등을 알려주므로 주식시장에서 중요한 정보 중 하나다.

다만, 수급데이터는 보통 증권사 애널리스트에게는 중요하지만 일반 개인투자자와는 그다지 관련이 없다. 외국인이 어떤 종목을 팔았는지 샀는지가 개인들에게는 전혀 도움이 되지 않고, 기관의 주요 매수·매도 종목 현황도 개인들과는 아무 상관이 없기 때문이다.

미국주식에 투자할 때 이러한 수급데이터가 제공되지 않는 것을 탓하며 마치 눈 감고 투자하는 것과 같다고 하는 사람들이 있는데, 이는 주식의 본질을 전혀 이해하지 못해서 하는 말이다. 좋은 주식을 보는 시각과 기준은 모두 비슷하므로 본인의 판단대로 주식을 매수하면 되는 것이지, 외국인 혹은 기관이 매수했다고 해서 영향을 받을 필요가 없다. 또 국내에서는 이들을 따라 투자하지도 않는다. 그렇다면 이런 데이터는 왜 필요할까?

다음은 개인과 외국인의 2019년도 국내주식시장 투자 현황이다. 기가 막히게 따로 노는 모습을 볼 수 있다.

| 외국인 및 개인 순매수 상위 코스피 종목 및 등락률(2019년) |

순위	외국인	등락률(%)	개인	등락률(%)
1	삼성전자	44.19	KT&G	-7.59
2	SK하이닉스	55.54	SK텔레콤	-11.69
3	카카오	49.03	SK이노베이션	-16.43
4	삼성전기	20.77	이마트	-30.14
5	삼성 SDI	7.76	KT	-9.40

출처: 한국거래소

반대로 2017년 미국주식시장에서 기관과 외국인 개인의 순매수 1위 종목은 애플이었고, 2018년 기관과 외국인 개인의 순매수 1위 종목은 마이크로소프트로 모두 동일했다. 그도 그럴 것이 애플을 보는 기준이 다를 리 없고, 마이크로소프트를 보는 기준이 다를 리 없기 때문이다. 적어도 주식시장에서는 말이다.

튀고 싶다면 주식투자를 할 것이 아니라 예술을 하는 것이 더 어울릴 것이다. 수급데이터가 유용하게 쓰이는 유일한 경우는 소위 전문가라는 사람들이 모 주식을 추천하면서 그 명분으로 삼기 위해서다. 언제쯤 다음과 같은 기사를 다시 보지 않게 될까.

뉴스홈 | 최신기사

올해도 외국인만 웃었다…개미가 산 종목은 줄하락

송고시간 | 2019-12-31 06:06

| 외국인 순매수 10개 종목중 8개 주가 상승…개인은 10개 모두 하락

출처: 연합뉴스

주가 상승은 녹색, 하락은 붉은색으로 표기한다

사실 개인적으로 가장 이해가 안 가는 부분이 이것인데, 미국을 포함한 대부분의 선진시장에서는 상승을 표기하는 색이 녹색이고, 하락을 표기하는 색이 붉은색이다. 다음은 S&P500 전 종목의 전광판이다.

| 상승을 녹색, 하락을 붉은색으로 표기하는 미국주식 |

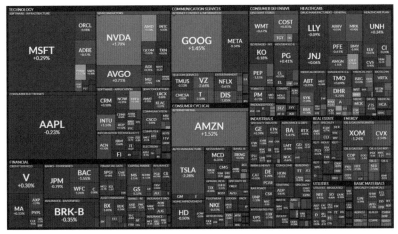

출처: 핀비즈

국내주식시장에서는 미국주식의 상승과 하락을 이와 정반대 색으로 표기한다. 물론 국내주식시장에 익숙한 국내 투자자를 고려해서 그런 것을 모르는 바는 아니다. 그러나 미국주식 정보는 국내 HTS에서 거의 제공하지 않으니 추가 정보를 얻으려면 부득이하게 미 현지 증권정보 사이트를 뒤져야 하는데, 이때 미국주식시장의 상승과 하락을 나타내는 색이 국내와 정반대인 것이 혼란을 가중시킬 수 있으므로 유의해야 한다.

그러므로 상승이나 하락의 구체적인 퍼센트를 제대로 확인하지 않고, 색깔만 대충 보고 시장의 상승과 하락을 판단했다가는 나중에 곤란한 상황이 발생할 수도 있다.

| 상승을 붉은색, 하락을 파란색으로 표기하는 국내주식 |

Top종목

상한가	하한가	상승	보합	하락	거래량상위	고가대비급락	**시가총액상위**

순위	종목명	현재가	전일비	등락률	시가총액(억)	상장주식수(천주)	액면가	외국인보유
1	삼성전자	80,100	▲ 500	+0.63%	4,781,796	5,969,782	100	53.64%
2	SK하이닉스	125,000	▼ 500	-0.40%	910,003	728,002	5,000	49.23%
3	삼성전자우	72,200	0	0.00%	594,124	822,886	100	76.52%
4	NAVER	358,000	0	0.00%	588,063	164,263	100	56.49%
5	LG화학	832,000	▲ 29,000	+3.61%	587,328	70,592	5,000	45.21%
6	삼성바이오로직스	827,000	▲ 10,000	+1.22%	547,185	66,165	2,500	10.17%
7	카카오	122,000	▼ 3,000	-2.40%	541,506	443,857	100	33.33%
8	현대차	232,000	▲ 11,500	+5.22%	495,710	213,668	5,000	29.52%
9	삼성SDI	640,000	▲ 4,000	+0.63%	440,093	68,764	5,000	42.49%
10	셀트리온	273,500	▲ 4,500	+1.67%	377,202	137,916	1,000	20.62%

출처: 네이버증권

기업을 심볼로 나타낸다

국내주식시장에서 상장기업을 표기하는 방법은 숫자다. 예를 들어 삼성전자는 005930이고 현대차는 005380이다. 이와 달리 미국에서는 상장기업을 영문 알파벳 대문자로 표기하는데, 이것을 심볼 혹은 티커라고 부른다.

보통 기업의 풀네임이 연상되는 영문 알파벳을 사용하며, 대표적인 심볼이 바로 남자들의 로망인 페라리 자동차 심볼인 RACE다. 한 번 들으면 웬만해선 잊기 힘들다. 또 파파존스피자의 심볼은 PZZA, 중국의 전자상거래업체 알리바바는 BABA, 나이키는 NKE, 아마존은 AMZN, 스타벅스는 SBUX, 우버는 UBER, 리프트는 LYFT다.

기억력이 좋은 사람은 기업의 심볼을 10개 이상 외우는데, 필자는 300개가량을 암기하고 있다. 기업 이름을 알면 심볼이 대략 연상되니 따지고 보면 대단한 것도 아니다.

미국 기업의 심볼을 정할 때는 영문 알파벳 최저 한 개에서 다섯 개까지로 한정된다. 가장 긴 심볼은 컴캐스트로 CMCSA다.

| 다우지수 내 30개 대표 기업의 기업명과 심볼 |

심볼	기업명
AXP	American Express Co(아메리칸익스프레스)
AAPL	Apple Inc(애플)
BA	Boeing Co(보잉)
CAT	Caterpillar Inc(캐터필라)
CSCO	Cisco Systems Inc(시스코 시스템즈)
CVX	Chevron Corp(셰브론)
XOM	Exxon Mobil Corp(엑손모빌)
GS	Goldman Sachs Group Inc(골드만삭스)
HD	Home Depot Inc(홈디포)
IBM	International Business Machines Corp(IBM)
INTC	Intel Corp(인텔)
JNJ	Johnson & Johnson(존슨앤존슨)
KO	Coca-Cola Co(코카콜라)
JPM	JPMorgan Chase & Co(제이피모건체이스)
MCD	McDonald's Corp(맥도널드)
MMM	3M Co(3M)
MRK	Merck & Co Inc(머크)
MSFT	Microsoft Corp(마이크로소프트)
NKE	Nike Inc(나이키)

PFE	Pfizer Inc(화이자)
PG	Procter & Gamble Co(프록터앤드갬블)
TRV	Travelers Companies Inc(트래블러스)
UNH	United Health Group Inc(유나이티드헬스그룹)
UTX	United Technologies Corp(유나이티드테크놀로지)
VZ	Verizon Communications Inc(버라이즌)
V	Visa Inc(비자)
WBA	Walgreens Boots Alliance Inc(월그린부츠 얼라이언스)
WMT	Walmart Inc(월마트)
DIS	Walt Disney Co(월트디즈니)
DOW	Dow Inc(다우)

미국주식은 달러로 거래한다

너무나도 당연한 이야기지만 국내주식은 원화로 거래하고 미국주식은 달러로 거래한다. 미국주식을 거래하면서 환전을 처음 해본다면 거래환경이 처음에는 낯설고 시시각각 변하는 환율에 예민해질 수도 있다.

하지만 최근 들어 미국주식에 대한 관심이 높아지고 미국주식 투자자가 증가하면서 증권사의 HTS를 통해서 온라인 환전이 가능해졌고, 환전할 때마다 상당한 환율 우대도 받을 수 있게 바뀌었다.

그뿐만 아니라 본인 명의의 외화통장이 있다면 보유 중인 달러를 직접 증권사로 송금해서 투자에 활용할 수도 있고, 거래를 종료한 뒤에는 달러로 출금할 수도 있다. 달러로 입금하고 출금하면 환전 수수료가 없어 비용 절감에 유용하며, 한 번 환전한 달러는 원화로 다시 환전하기 전까지 달러로 계좌에 남아있게 된다.

어떤 사람들은 매수·매도를 할 때마다 환전하는 것으로 착각하는데, 고객이 환전을 요청할 때까지 환전된 통화로 계좌에 보관된다.

보통 환전은 전신환 기준으로 하며 증권사마다 우대하는 요율이 다르다. 전신환은 고시환율에서 송금 보낼 때와 받을 때 기준으로 환전해주는 것으로 현찰로 사고팔 때보다 스프레드가 적어 환전에 드는 비용이 절약된다.

상식적으로 기준 환율과 현금을 살 때, 팔 때 그리고 송금 보낼 때, 받을 때를 구분할 수 있다면 환전에 어려움이 없다.

스프레드(Spread)
'폭', '간격'이라는 뜻으로 매수가격과 매도가격, 즉 호가 간 차이를 말한다.

| 하나은행의 고시환율(2024년 1월 5일) |

외국환율고시표 1월 5일 (자료=하나은행)

국가명	통화	전신환		현금		매매기준율	대미환산율	달러당환산율
		송금 할 때	송금 받을 때	현금 살 때	현금 팔 때			
미국	달러	1,328.20	1,302.60	1,338.41	1,292.39	1,315.40	1.0000	1.0000
일본	엔	915.02	897.26	921.99	890.29	906.14	0.6889	1.4517
유럽연합	유로	1,451.97	1,423.23	1,466.20	1,409.00	1,437.60	1.0929	0.9150
중국	위안	185.11	181.45	192.44	174.12	183.28	0.1393	7.1770

※ 일본 JPY는 100 단위로 고시.

출처: KEB하나은행

참고로 해외주식의 경우 중국주식은 위안화, 홍콩주식은 홍콩달러, 일본은 엔화 등 해당 국가의 통화로 거래됨을 기억하기 바란다.

미국주식투자 시 주의점

국내주식에 없는 시세이용료가 있다

미국주식을 거래하기 위해서는 별도의 시세이용료를 내야 한다. 시세이용료는 매월 지불하는 것으로 증권사마다 차이가 있지만 대략 10달러 내외다.

결국 실시간 시세를 보려면 일정 비용을 내야 한다는 뜻인데, 이는 국내주식에는 없는 것으로 투자자에게는 불만의 원인이 될 수 있다.

그뿐만 아니라 국내주식처럼 5호가, 10호가를 보여주는 것이 아니라 최우선매수·매도호가, 즉 1호가만 제공한다. 혹시 여러 호가가 보인다면 1호가만 빼고 나머지는 증권사에서 임의로 보여주는 것으로 인식하면 된다. 결국 무늬만 호가일 뿐 실제 거래와는 무관한 것이다.

이런 이유로 미국주식에 매력이 없다고 생각하는 사람은 다시 잘 생각해보기 바란다. 10호가에 있는, 혹은 5호가에 있는 물량과 호가가 장기적인 투자와 어떤 관계가 있을까? 매매를 하고자 하면 하

| 키움증권 해외주식 호가창 |

호가	일별	체결	차트

DBA		NYSE	PS DB AGRICULTRE
26.1600 ▲	0.0100	+0.04%	1,854,525

매도	16:00	매수
2	26.2500	
	25.8600	15
2	호가잔량	15

출처: 키움증권 영웅문Global

알아두세요 ─────

허매수·허매도

가짜 매수와 가짜 매도를 뜻하며, 일종의 시세교란행위라고 할 수 있다. 실제 거래되는 가격에서 멀리 떨어진 매수호가에 가짜 매수 물량을 보여주거나, 멀리 떨어진 매도호가에 매도물량을 보여주어 투자자의 매수와 매도를 유도하는 것이 목적이다. 일반적으로 개인투자자들은 매수물량이 많으면 상승할 것이라고 예상하여 주식을 매수하고, 매도물량이 많으면 하락할 것이라고 예상하여 매도하는 경향이 있기 때문이다.

면 되는 것이지, 의미 없는 호가에 걸어놓는 주문을 굳이 볼 필요가 있을까? 오히려 여러 호가 정보가 실제 시장 상황을 왜곡하여 매수 또는 매도 세력을 유도할 수도 있다는 점을 염두에 두는 것이 좋다.

국내주식에 비해서 매매수수료가 높다

국내주식의 경우 최근 들어 다양한 이벤트 덕분에 매매수수료가 거의 없거나 무료인 경우가 많다. 물론 미국주식에도 드물게 무료가 있지만 유관기관 수수료, 즉 원가 부분이 꽤 높은 편이다. 무료라고 해도 수수료 원가 부분인 유관기관 수수료를 거래금액의 0.08%만큼 부담해야 하며, 일반적으로는 거래금액의 0.1~0.25%의 매매수수료가 발생한다. 국내주식 대비 높은 수수료를 부담해야 하는 것이다.

결국 무료수수료에 현혹되어 매매를 빈번하게 할수록 생각지도 못했던 유관기관 수수료에 놀랄 수 있다. 특히 이러한 유관기관 수수료에 관한 고지는 깨알같이 작게 적어두어 놓치기 쉬운데, 언제나 공짜 점심은 없다는 것을 잘 기억해두자.

미국주식은 왜 국내주식에 비해서 매매수수료가 높을까? 다음 그림을 보면 쉽게 이해가 된다.

| 미국주식의 국내 매매 과정 |

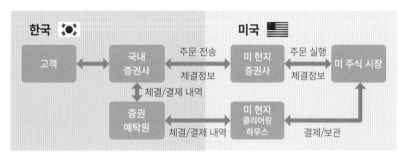

알아두세요

한국예탁결제원(Korea Securities Depository)

대한민국 금융위원회 산하의 기타공공기관으로, 국내에서 유일한 유가증권 중앙예탁결제기관이다. 외국인투자자를 포함한 기관투자가와 개인투자자가 보유한 주식, 채권 등의 유가증권을 관리한다. 주요 업무로는 주식이나 증권 등의 집중예탁과 계좌 간 대체, 매매거래에 따른 결제업무, 국제 간 예탁 및 계좌대체업무, 증권대차거래업무 등이 있다.

분야를 막론하고 유통과정이 길어지면 비용이 더 붙는 법이다. 국내 증권사는 미국주식시장에 주문을 낼 권한이 없으므로 미 현지 증권사를 필요로 하고, 미국주식은 국내 예탁결제원에 보관이 안 되므로 예탁결제원이 선임한 외국의 결제기관인 클리어링 하우스(Clearing House)에 주식을 맡겨야 한다. 이렇게 미 현지 증권사와 미 현지 클리어링 하우스가 추가되면서 미국주식의 매매수수료가 높아지는 것이다.

앞의 매매 과정을 보면 국내 투자자는 국내 증권사의 대표 계좌에 서브 어카운트(Sub Account) 형태로 존재하므로, 미 현지 증권사에서는 개별 계좌로 인식하지 못한다. 예를 들어 국내 A증권사에 개인 고객이 10명 있고 이들이 B라는 미국주식을 각각 10주씩 가지고 있다면, 미국 현지 증권사에서는 표면상으로 A증권사가 B주식을 100주 보유하고 있다고 인식할 뿐 10명의 고객은 인식하지 못한다. 이는 미국주식뿐만 아니라 모든 해외주식에 공통적으로 적용되는 부분이다.

따라서 배당 등 각종 권리가 발생하면 국내 A증권사는 통합으로 받은 배당이나 권리를 실제 고객 현황대로 나누는 작업을 별도로 진행하는데, 이 과정에서 미 현지의 권리 발생일보다 1~2일 정도 더 소요된다.

양도소득세의 적용을 받는다

국내주식의 경우 매도 시마다 수익 여부와 상관없이 거래금액의 0.3%를 무조건 거래세로 납부한다. 국내의 거래세 제도는 이미 선진시장에서는 없어진 지 오래된 세금제도로, 현재 거래세를 적용하는 나라는 전 세계에서 한국과 멕시코, 그리스밖에 없다. 반면 미국주식의 경우 1년 동안 확정된 매매에서 얻은 수익에 대해 양도소득세를 납부하게 된다. 매년 1월 1일부터 12월 31일까지 실현한 거래수익과 손실을 계산하여 수익이 250만 원을 초과하면, 그 초과수익의 22%를 이듬해 5월 종합소득세 신고기간에 자진 납부하도록 규정되어 있다.

얼핏 해외주식을 거래할 때 더 많은 세금을 납부한다고 생각할 수도 있으나 실제로는 그렇지 않다.

실제 수익이 난 부분에 대해서 세금을 납부하는 것은 너무도 당연한 일이고, 이러한 양도소득세의 경우 분류과세로 금융소득종합과세와 달리 기존의 다른 소득과 합산하지 않고 독립적으로 세액이 결정된다. 쉽게 말하면 얼마를 벌든 연간 인적공제인 250만 원을 초과한 수익의 22%만 납부하면 된다. 대부분의 증권사가 양도소득세 대행신고서비스를 대행해주므로 편하게 세금을 납부할 수 있다.

1월 1일부터 12월 31일까지 주식을 보유만 하고 매도하지 않았다면 세금신고가 필요 없고, 언제가 됐든 매도한 이듬해에 양도소득세를 자진신고하고 세금을 납부하면 된다. 주식거래 없이 환차익으로만 수익이 발생하면 세금은 면제되며 주식거래에서 손해를 보더라도 신고는 해야 한다.

1월 1일부터 12월 31일까지의 거래라 함은 체결기준이 아니라 결제기준으로, 만약 어느 종목의 매매를 종결짓고 이듬해에 세금신고를 하려면 적어도 12월 31일 기준, T+3영업일 전에는 매도해야 한다. 거래내역은 해당 거래 증권사의 홈페이지에서 손쉽게 출력할 수 있으며 세액계산도 가능하다.

미국주식의 양도세율 22%가 부담스럽다는 것은 부동산 투자를 하면서 양도소득세를 내는 게 싫어서 집값이 오르지 않기를 바라는 것이나, 기업이 법인세를 내기 싫어서 수익을 내기 싫어하는 것과 다르지 않다. 국내주식처럼 손실이 있더라도 거래세를 0.3% 무조건 납부하는 것이 오히려 불합리해 보인다.

미국주식 양도소득세 계산 예

10,000,000원(시세 차익) − 2,500,000원(기본 공제) = 7,500,000원

7,500,000원 × 22% = 1,650,000원

무신고가산세: 산출세액 × 20% 또는 40%

(세법으로 정해져 있는 세금신고기한까지 반드시 해야 할 세금신고를 하지 않았을 때, 원래 내야 할 세금에 추가로 부과되는 세금)

미납부가산세: 미납부세액 × 미납일수 × 0.03%

(조세를 납부해야 할 의무가 있는 납세의무자가 납부기일 내에 조세를 납부하지 않았거나, 납부해야 할 세액에 미달하게 납부한 경우에 부과되는 가산세. 연환산 시 약 10.95%)

미국주식 계좌 개설하는 법

증권회사 선택하기

모든 증권회사에서 해외주식투자가 가능한 것은 아니다. 증권사를 선택할 때에는 시스템, 거래수수료, 환전우대, 거래가능시간, 시세제공 여부 등을 고려하여 가장 쓰기 쉽고 친숙한 증권사를 선택하는 것이 좋다. 이 책에서는 개인투자자들이 많이 이용하는 키움증권에서 비대면으로 계좌를 개설하는 방법을 소개하겠다.

계좌를 개설하는 방법

증권사 계좌를 개설하는 방법은 크게 두 가지로, 가까운 영업점을 방문하는 방법과 스마트폰으로 직접 개설하는 방법이 있다. 대부분의 증권사 계좌는 계좌 개설 방식에 따라 수수료가 상이하다. 영업점 방문보다는 집에서 간편하게 할 수 있는 비대면 계좌개설의 수수료가 더 저렴하다.

비대면 계좌를 개설하기 위해서는 신분증(주민등록증, 운전면허증)과 스마트폰(본인 명의)이 필요하다.

① 먼저 앱마켓에서 '키움증권'을 검색하여 '영웅문S#' 앱을 설치한다.

② 앱을 실행하고 다음 순서로 계좌를 개설한다.

개인정보 및 약관동의 → 휴대폰 인증 → 개인정보 입력 → 신분증 촬영 → 본인
확인(1원 입금 또는 영상통화) → 계좌개설 완료

스마트폰 화면에 표시되는 내용들을 읽어보고 필요 정보만 제대로 입력하면 크게 어
려운 부분은 없다. 계좌개설에 별도로 비용이 청구되는 것은 아니지만 그래도 개인투
자자로서 약관을 꼼꼼하게 읽어보자. 계좌개설에 걸리는 시간은 개인차가 있으나 5분
정도 소요된다.

HTS로 할까, MTS로 할까?

해외주식에 투자할 수 있는 거래매체는 크게 HTS와 MTS의 두 가지다. 먼저
HTS(Home Trading System)부터 설명하면 다음과 같다.

① 키움증권 홈페이지(www.kiwoom.com)에서 '해외투자 거래 가능 매체'를 누르고,
'영웅문Global'을 다운로드한다.

② 설치파일인 KiwoomGlobalSetup.exe 파일을 실행하여 영웅문Global 설치를 완
료한다.
MTS(Mobile Trading System) 설치도 계좌개설 앱을 설치한 것과 같은 방법으로
하면 된다. 앱스토어에서 '키움증권 영웅문S#'을 검색하면 쉽게 앱을 찾을 수 있고,

'설치' 버튼을 눌러 해외주식 거래를 위한 MTS를 설치하면 된다.

플레이스토어 실행

키움증권 검색

다운로드 완료

키움증권 영웅문S# 설치하기

미국주식투자에서
환전은 필수

환전하는 방법

미국주식을 사려면 환전이 필수다. 환전이란 해외주식을 매수하기 위해 원화를 외화로 또는 매도한 해외주식대금인 외화를 원화로 바꾸는 일련의 업무를 말한다.

최근에는 '원화주문서비스'라는 매우 편리한 서비스가 생겨서 환전 절차 없이 원화로도 쉽게 미국주식을 살 수 있지만, 사실 이 서비스도 보이지 않게 환전이라는 과정을 거치는 것은 마찬가지다. 이 부분에 대해서는 뒤에서 자세히 설명하겠다.

환전의 개념을 알기 위해서는 먼저 환율을 이해해야 한다. 환율은 자기 나라 돈과 다른 나라 돈의 교환 비율로 외국환 시장에서 결정되며 외화를 '살 때'와 '팔 때' 가격이 다르다. 이러한 가격의 차이를 '스프레드'라고 하며, 이는 우리가 외화를 사고파는 행위를 할 때 비용이 발생하는 직접적인 원인이 된다.

출처: 키움증권 영웅문S#(MTS)

 알아두세요 ──────

원화주문서비스
빠른 주문을 위해 필요한 만큼 원화로 먼저 해외주식을 매수하고, 실제 환전은 익영업일에 이루어지는 서비스다. 필자가 이용하는 키움증권의 경우 원화주문(매수) 시 환전수수료가 100% 할인된 매매기준율을 적용하고 있다. 즉, 환전수수료가 0원으로 일반 환전을 통해 미국주식을 사는 것보다 환전수수료 측면에서 유리하다.

| 미국 달러의 매수·매도 환율 |

| 환전율 구분 | 시간 | 환율 | | 매매기준율 |
		매수	매도	
고시환율	09:48:33	1,351.10	1,325.50	1,338.30
고시환율	09:48:15	1,350.90	1,325.30	1,338.10
고시환율	09:46:49	1,351.10	1,325.50	1,338.30
고시환율	09:46:06	1,351.30	1,325.70	1,338.50
고시환율	09:44:31	1,351.20	1,325.60	1,338.40
고시환율	09:42:17	1,351.40	1,325.80	1,338.60
고시환율	09:40:12	1,351.40	1,325.80	1,338.60
고시환율	09:38:32	1,351.20	1,325.60	1,338.40
고시환율	09:36:21	1,351.10	1,325.50	1,338.30
고시환율	09:33:45	1,351.30	1,325.70	1,338.50
고시환율	09:33:11	1,351.30	1,325.70	1,338.50
고시환율	09:32:57	1,351.10	1,325.50	1,338.30
고시환율	09:31:37	1,351.30	1,325.70	1,338.50
고시환율	09:27:52	1,351.50	1,325.90	1,338.70
고시환율	09:27:16	1,351.30	1,325.70	1,338.50
고시환율	09:25:41	1,351.50	1,325.90	1,338.70

출처: 키움증권 영웅문Global(HTS)

환전 우대, 수수료를 알면 조금이라도 이득!

자기 나라 돈을 원화, 다른 나라 돈을 달러로 가정하면 '환율이 비싸다'는 것은 원화보다 달러 가치가 높다 혹은 비싸다는 뜻이다. 반대로 '환율이 싸다'는 것은 원화 가치가 달러보다 비싸다는 뜻이 된다.

미국주식을 산다고 가정할 때 '환율이 싸면' 같은 금액의 원화로 많은 달러를 살 수 있기 때문에 환전 시 유리하다. 반대로 미국주식을 팔고 나서 보유한 달러를 원화로 바꿀 때는 '환율이 비싸면' 같은 금액의 달러로 더 많은 원화를 살 수 있기 때문에 유리하다.

환전을 유리하게 하려면 일단 증권사에서 부과하는 환전수수료를 면밀하게 따져볼 필요가 있다. 해외여행을 갈 때면 누구나 은행에서 환전우대를 적용받아 외화로 환전하지만, 실제로 '환전우대 ○○%'란 문구를 보고 정확하게 내가 얼마를 절약했는지 아는 사람은 거의 없다.

여기서 먼저 알아야 할 것은 '환전우대 ○○%'에서 % 앞 숫자가 클수록 환전 시 유리하다는 것이다. '환전우대 100%'란 말은 은행 또는 증권사에서 환전 시 발생하는 수수료를 별도로 수취하지 않고, 외화를 살 때(매수), 팔 때(매도) 기준이 아닌 매매기준율로 환전 처리를 해준다는 의미다.

출처: 키움증권 영웅문S#(MTS)

비대면으로 증권사를 통해 환전하는 법

증권사 영업점을 방문하지 않고, 비대면으로 모바일에서 손쉽게 환전하는 방법을 소개한다.

❶ 증권사 홈페이지에서 환전하는 법

먼저 증권사 홈페이지에 접속하여 홈페이지 상단 '로그인' 버튼을 누른다. 상단 '전체 메뉴'를 클릭하여 좌측 '뱅킹/업무' 서비스로 들어간다. '이체/환전 → 환전 → 외화 환전신청' 버튼을 누른다.

외화 환전신청 화면에서 먼저 환전할 계좌를 선택한 후 '환전구분'에서 '원화 → 외화' 혹은 '외화 → 원화'를 선택해 하고자 하는 업무를 지정한다. 그 다음 환전할 통화를 지정하고, 환전할 금액을 입력한 후 '환전' 버튼을 누르면 된다.

❷ 모바일에서에서 환전하는 법(증권사 MTS 설치 필수)

키움증권 모바일 거래 앱인 '영웅문S#'에서 환전하는 방법은 '전체 메뉴 → 환전 → 환전' 경로로 들어가 통화와 금액을 입력하면 된다.

출처: 키움증권 영웅문S#(MTS)

통합증거금 서비스란?

"국내주식 팔고 바로 해외주식 살 수 있나요?"라는 궁금증이 생겼다면, 답은 "통합증거금 서비스를 신청하면 가능합니다."이다. 통합증거금은 키움증권에서 제공하는 서비스로 별도의 환전 없이 국내 및 해외 주식시장 사이 교차매매가 가능하다. 국내주식 및 해외주식 매매 시 현지 거래통화 이외의 예수금 또는 주문가능금액을 증거금으로 사용할 수 있으며 결제일에 필요금액만큼 현지 거래통화로 자동환전된다. 예를 들어 국내주식 100만 원을 매도한 후 매도대금으로 해외주식을 매수하려면 국내 결제일 2일 이후 거래가 가능했지만 통합증거금 서비스를 이용하면 국내주식 매도 결제 예정금액으로 해외주식 매수가 가능하다.

또한 달러나 유로를 보유한 고객은 원화로 환전 후 국내주식 거래가 가능했지만 글로벌 통합증거금 서비스를 이용하면 별도의 환전 없이 바로 매매가 가능하다. 키움증권 기준 서비스 대상 국가는 한국, 미국, 중국, 홍콩, 일본, 프랑스, 독일, 이탈리아, 싱가포르, 인도네시아 총 10개 국가이다.

출처: 키움증권 영웅문S#(MTS)

❸ PC에서 환전하는 법(증권사 HTS 설치 필수)

키움증권 HTS를 예로 들어 설명하겠다. 먼저 공인인증서로 로그인한다.
'온라인업무 → 외화환전 → 외화환전 신청' 메뉴를 차례로 클릭한다.

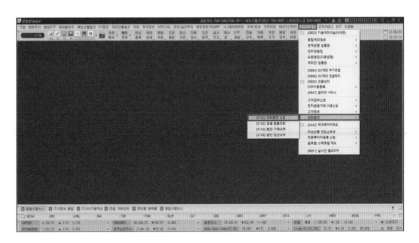

모바일 환전과 동일하게 비밀번호를 입력한 후 '환전 선택'과 '외화 선택'
을 지정한 다음 환전할 금액을 입력하고 '환전신청'을 누르면 된다.

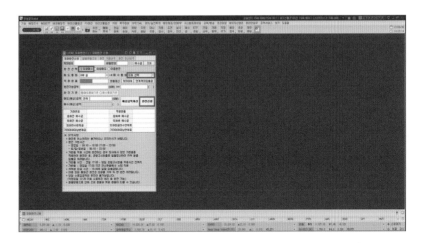

실전! 미국주식
직접 매수·매도하는 법

매수·매도 주문 넣는 법

원화를 달러로 환전했다면 이제 미국주식을 사보자. 전문가 수준의 미
국주식투자를 하기 위해서는 HTS가 필요하지만, 지금 미국주식을 시작
했다면 MTS로도 충분하다. 키움증권 MTS(영웅문S#)는 HTS만큼이나 파
워풀한 트레이딩 기능을 제공하고 있기 때문에 거래가 편리하고 안정성
이 뛰어난 '영웅문S#'으로 미국주식 주문을 넣어보자.

모바일 앱 '영웅문S#'을 통해 미국주식을 매수·매도하는 방법은 다음과
같다. 매도 주문의 경우, 주식 주문 창에서 기본으로 세팅되어 있는 '매
수'를 '매도'로 바꿔주면 된다.

출처: 키움증권 영웅문S#(MTS)

최종 주문 전 종목, 주문 수량, 한 주당 가격(USD/KRW), 환율에 대한 내용을 반드시 꼼꼼하게 확인하자.

출처: 키움증권 영웅문S#(MTS)

미국주식 주문, 어떻게 체결될까?

해외주식이 체결되는 원리를 이해하려면 호가의 개념을 이해할 필요가 있다. 호가란 증권시장에서 거래원이 고객의 주문에 따라 표시하여 전달하는 매수·매도 가격을 말한다.

다음은 영웅문S#에서 제공하는 해외주식 현재가 창이다. 가운데 수평선을 기준으로 위쪽은 매도호가, 아래쪽은 매수호가가 표시된다.

키움증권에서는 미국주식의 경우, 나스닥 거래소의 종목 호가와 주식수를 취합하여 10호가씩 제공하는 '나스닥 토탈뷰시세'를 무료로 제공하고 있어 많은 도움이 된다. 일반적으로 미국주식의 경우 가장 낮은 가격 1호가, 가장 높은 가격 1호가 총 2개 호가만 제공하는 데 반해, 키움증권은 무료로 매수·매도 호가 총 20호가를 실시간으로 제공하고 있다.

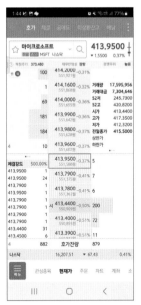

출처: 키움증권 영웅문S#(MTS)

일반적인 주문은 지정가 주문으로, 가격을 지정해 두고 원하는 가격에 도달했을 때 주문이 체결되는 방식이다. 아래는 키움증권에서 제공하는 미국주식의 주문 유형이다.

| 키움증권 미국주식 주문 유형 |

매수		매도	
주문 유형	설명	주문 유형	설명
지정가	가격지정 매수주문	지정가	가격지정 매도주문
시장가	현재 시장에서 거래되는 가격으로 체결되는 주문	시장가	현재 시장에서 거래되는 가격으로 체결되는 주문
AFTER지정가	지정가 주문이 정규장 마감 이후 취소되지 않고 AFTER마켓까지 유효한 매수주문	AFTER지정가	지정가 주문이 정규장 마감 이후 취소되지 않고 AFTER마켓까지 유효한 매도주문
LOC (Limit On Close)	종가가 지정한 가격과 동일하거나 유리한 가격일 경우 체결되는 매수주문	LOC (Limit On Close)	종가가 지정한 가격과 동일하거나 유리한 가격일 경우 체결되는 매도주문
VWAP (Volume Weighted Averaged Price)	수량 분할 매수주문	VWAP (Volume Weighted Averaged Price)	수량 분할 매도주문
TWAP (Time Weighted Averaged Price)	시간 분할 매수주문	TWAP (Time Weighted Averaged Price)	시간 분할 매도주문
		MOC (Market On Close)	종가에 최대한 근접하여 체결되는 시장가 매도주문
		STOP	손절매 시장가 매도주문(현재가를 기준으로 지정한 STOP가격에 도달하면 시장가로 주문이 전송되는 매도주문)
		STOP LIMIT	손절매 지정가 매도주문(현재가를 기준으로 지정한 STOP가격에 도달하면 지정한 지정가로 주문이 전송되는 매도주문)

둘째
마당

탄탄한
기본기를 쌓는
개별종목 분석법

나만의 선택기준을 만들자

"많이 오를 주식 하나만 알려주세요."

"아는 사람이 사라고 해서 A 주식을 갖고 있는데 어떻게 보세요?"

"B 주식은 어떤 것 같으세요?"

주변에서 가장 많이 필자에게 묻는 질문들인 동시에 어찌 보면 가장 어이없는 질문들이다. 몸이 아프면 병원에 가서 혈압이나 체온을 재기도 하고, 증상을 얘기하면 의사선생님이 추가로 검사를 하거나 아니면 처방 혹은 추가 상담을 진행한다. 점을 볼 때도 얼굴만 딱 보고 일사천리로 운명을 점찍어주는 신기 가득한 역술가도 있기는 하지만, 최소한의 개인 정보는 물어보고 상담을 시작한다.

그런데 일면식도 없는 사람들의 갑작스러운 주식 종목에 대한 질문에 감히 조언을 해준다고? 지나가던 강아지도 웃을 일이다. 필자는 어느 나라 주식이든 주식투자는 기본적으로 위험한 것이라고 기회가 있을 때마다 강조하곤 한다. 그 위험한 주식투자의 길로 들어서기 위해서 제일 먼저 해야 할 일은 바로 본인의 성향과 본인만의 선택기준을 제대로 찾는 것이 아닐까 싶다. 내가 어떤 투자자인지를 알아야 나에게 적합한 투자 방법을 알 수 있고 주식 종목을 선택할 때도 합리적인 결정을 내릴 수 있기 때문이다.

주식투자의 위험성을 정확하게 이해하고 있는가?

주식의 가격, 즉 주가는 끊임없이 변한다. 계속 올라가기만 한다면 행복하겠지만 현실은 그렇지 않다. 수많은 변수에 의해서 하루에도 수백 번, 아니 수천 번씩 변한다. 아예 사고팔기가 어렵다면 오히려 마음이 편하겠지만 주식은 언제라도 사고팔 수 있다. 부동산투자는 사고파는 데 시간이 걸리고 비용도 만만치 않으며 세금도 내야 하는 등 복잡하다. 그래서 단기매매가 쉽지 않다.

하지만 주식투자는 그 반대다. 그렇기 때문에 주가의 하락과 상승에 따른 심적 변화가 순간순간 찾아온다. 주가가 너무 많이 오르면 겁나서 팔고 싶다가도 주가가 조금만 떨어지면 더 떨어질 것 같고, 이럴 때마다 심장 박동 수가 올라가면서 일상에서도 일이 손에 잘 잡히지 않는 경우가 많다.

다들 말은 이렇게 한다. 주식투자가 얼마나 위험한지 잘 안다고. 그렇지만 실제 경험해보면 전혀 다른 현실을 마주하게 된다. 따라서 자주 조바심을 내거나 걱정이 많은 성격이라면 주식투자만은 절대 하지 말라고 말리고 싶다.

투자기간은 사람마다 다 다르다

주식을 사면 5년이든 10년이든 묻어두겠다면서 본인은 장기투자하는 성격이라고 스스로 자부하는 투자자들을 많이 만난다. 그렇지만 그런 사람들의 95%는 주가가 5~10%만 떨어져도 생각이 달라진다. 일단 팔고 더 떨어지면 다시 살 생각을 하거나 본인의 선택이 틀렸다며 다른 주식으로 손실을 만회하려고 욕심을 낸다. 실상은 1~3개월 정도 투자기간을 염두에 두고 주식투자를 하는 경우가 대부분인 것이다.

주가가 일정 수준 이하로 내려가면 리스크를 줄이기 위해 소위 손절매, 즉 손해가 나더라도 팔겠다고 계획하지만, 주가가 계속 하락하면 오히려 주식을 더 사는 투자자도 많다. 소위 이런 물타기를 하는 투자자들은 평균 매수 단가를 내리면서 주식 수를 늘리겠다고 자기 합리화를 하지만 실제로는 실패하는 경우가 대부분이다.

주가를 설명하는 요인은 수십 가지다

특정한 기업의 주가를 설명하는 요인은 수십 가지다. 특정 제품이 시장에서 갑자기 인기를 끌면서 주가가 오르기도 하고, 특정 배우가 영화나 드라마에 출연한다고 해서 오르기도 한다. 기업과는 상관없이 정부에서 호재가 되는 정책들을 발표만 해도 주가가 변동된다. 코로나19가 전 세계로 확산되면서 마스크의 수요가 급증해 부족 현상이 발생했는데 이때 마스크 생산이나 공급과 관련한 회사 주식들이 폭등한 적도 있다. 마스크를 살 때 주민등록증을 제시하는 날이 올 거라고 그 누가 상상이나 했을까?

기업의 실적과는 전혀 상관없이, 기업이 보유하던 부동산의 가치가 갑자기 상승하면서 주가가 오를 수도 있다. 유능한 기업인을 최고경영자로 영입한 것이 주가에 호재로 작용하기도 한다. 실적은 형편없는데 더 큰 기업의 인수대상이 되면서 주가가 요동칠 수도 있다. 특정 기관투자가나 외국인이 집중적으로 주식을 사들이면서 주가가 오르기도 한다. 이 모든 것들과 반대의 경우도 있음은 물론이다.

이렇듯 주가를 움직이는 요인이 다양하므로 자신만의 선택 기준을 뚜렷하게 갖고 있어야 한다. 이 말에 덜컥 겁을 먹는 독자들도 있을 것이다.

주식에 관한 전문 지식도 없는데 어떻게 자신만의 선택기준을 갖느냐고 푸념하면서 말이다.

그렇지만 자신만의 기준을 갖기 위해 증권사에서 전문적으로 기업을 분석하고, 고객들에게 자료를 통해서 투자할 만한 주식인지 그렇지 않은 주식인지를 설명해주는 애널리스트처럼 될 필요는 없다. 기본적으로 애널리스트는 대규모 자금을 운용하는 펀드매니저들을 대상으로 기업을 분석 및 설명하는 사람들이다. 일반 개인투자자들에게 애널리스트의 자료가 꼭 적합한지에 대해서는 필자도 의문을 갖고 있다.

예를 들어보자. 미국 기준으로 2019년 연말 쇼핑시즌에 가장 핫한 상품은 에어팟 프로(Airpods Pro)였다. 없어서 못 팔 정도였고, 이베이에서 팔리는 중고 가격이 오히려 새 제품보다 비싸기도 했다. 현금보다 에어팟 프로를 선물로 받기를 더 선호한다는 설문조사 결과도 있었다.

애플에 주식투자를 결정할 때 앞서 얘기했던 애널리스트의 의견도 투자 판단의 기준이 될 수 있음은 물론이지만, 에어팟 프로의 놀라운 인기를 눈으로 확인하고 그것을 이유로 주식투자를 결정하는 것도 매우 훌륭한 투자 전략이 된다.

국내주식을 예로 들어보자. 요즘은 웬만한 가정주부도 직접 요리하기보다는 간편식을 많이 이용한다. 그런 만큼 간편식 대표 브랜드 중 하나인 비비고를 소유한 CJ제일제당은 관심을 가질 만하다. 이처럼 주위에서도 많이 이용하고 나 자신도 이용하고 있다면 그것 자체가 투자 판단의 기준이 된다.

기준에 미달일 때 매도한다

그럼 애플이든 비비고를 만드는 CJ제일제당이든 주식의 매도 시점을 어떻게 정해야 할까? 간단하다. 선택기준을 유지하면 된다. 즉, 에어팟의 인기가 하락하거나 비비고에 문제가 생겨서 타사 제품으로 선호도가 이동하면 그때 팔면 그만이다.

주식투자가 한도 끝도 없이 어렵다는 얘기를 많이 듣지만, 최소한 이 책의 독자들은 그렇게 생각하지 않았으면 한다. 에어팟과 비비고를 예로 들었지만 제품의 인기가 아니라 다른 기준으로 매매하는 경우도 마찬가지다. 특정 기업의 매출이 빠르게 증가해서 주식 매수를 선택했다면 매출의 증가세가 줄어들거나 감소할 때 매도를 결정하면 된다. 정책 뉴스를 듣고 샀다면 그런 뉴스가 더 이상 나오지 않을 때가 매도의 시점이다. 주가 차트를 보고 주식을 선택하는 경우도 많다. 예를 들어 20일 이동평균선을 주요 지표로 활용한다면, 이를 기준으로 주가가 상승 반전했을 때 투자를 시작했다가 하락 반전하거나 정체될 때 팔면 된다.

주식투자로 큰 재미를 못 보았다면 본인만의 선택 기준이 아예 없거나, 혹은 있더라도 살 때와 팔 때의 기준이 서로 달랐을 가능성이 크다. 예를 들어 매출의 증가세를 보고 투자를 결정했는데. 단기적인 주가 하락으로 20일 이동평균선이 하락한다고 해서 주식을 판다면 이것은 서로 다른 선택기준을 적용한 것이라고 할 수 있다. 이렇게 투자 판단 기준의 일관성이 결여된 경우, 실패로 이어지는 경우가 많다.

이 책을 끝까지 읽으면서 미국주식투자에 가장 적합한 본인만의 투자 기준을 잘 정립하기를 바란다.

알아두세요

이동평균선

일정 기간의 주가를 산술 평균한 값인 주가이동평균을 차례로 연결해서 만든 선이다. 주가의 평균치를 나타내는 지표가 된다.

무작정
따라하기

야후 파이낸스에서 기업 정보 찾기

① 야후 파이낸스 홈페이지(finance.yahoo.com)에 접속한다. 검색창에 원하는 기업명을 영문으로 검색하여 정보를 확인한다. 애플을 예시로 찾아보자.

② 기업명 Apple 혹은 심볼 AAPL을 입력한다.

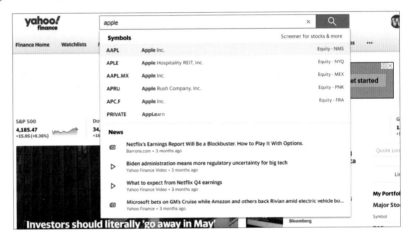

**무작정
따라하기**

③ 해당 페이지에서 얻을 수 있는 정보는 다음과 같다.

Previous Close	전일종가
Open	시가
Bid	매수
Ask	매도
Day's Range	일중 거래범위
52 Week Range	52주 저가, 고가
Volume	거래량
Avg. Volume	평균거래량
Market Cap	시가총액
Beta(5Y Monthly)	베타
PE Ratio(TTM)	주가수익비율
EPS(TTM)	주당순이익
Earnings Date	실적발표일
Forward Dividend & Yield	배당수익률
Ex-Dividend Date	배당락일
1y Target Est	12개월 목표주가

성장을 볼 것인가, 가치를 볼 것인가?

"엄마가 좋아, 아빠가 좋아?"

"자장면 먹을까, 짬뽕 먹을까?"

영원히 정답을 찾을 수 없는 질문이다. 주식투자의 세계에도 이렇게 답을 찾기 어려운 질문이 있다.

바로 "성장이 더 중요할까, 가치가 더 중요할까?"라는 질문이다.

결혼 상대를 찾을 때 흔히 이렇게 말하곤 한다. "몸도 좋고 잘생기고, 직장도 좋고, 돈도 잘 벌고, 성격도 좋고 집안도 좋으면 좋겠어요." 하지만 모든 것을 다 갖춘 사람은 없다는 사실을 누구나 알고 있다.

주식시장에서도 마찬가지다. 매출도 계속 늘고 새로운 제품이나 서비스도 속속 등장해서 소비자들에게 끊임없이 지지를 받고, 돈도 계속 잘 벌고, 배당도 꾸준히 그것도 매년 꼬박꼬박 올려서 지급하고, 게다가 주가까지 이익이나 자산 가치 대비 다른 기업보다 저렴해서 늘 오르기만 하는 기업이 있을까?

물론 단기적으로는 그런 기업이 있을 수도 있지만 그런 기업에는 전 세계 투자자들의 돈이 몰리게 마련이다. 그러다 보면 결국 주가가 올라 이익이나 자산 가치 대비 주가가 결코 싸지 않게 된다.

한마디로 높은 성장을 이어가면서 주가가 싼 주식은 찾기가 힘들다. 그렇기 때문에 투자자들은 성장성을 더 중시할지, 아니면 가치를 더 중시할지 스스로 판단하고 결정해야 한다.

예를 들어보자. 본인이 성장을 더 중시하는 투자자라면 아마존같이 연평균 25% 이상 매출이 증가하는 기업에 투자하기로 선택할 때, 130배에 이르는 높은 PER(주가수익비율)이나 배당을 지급하지 않는다는 이유로 머뭇거리는 것은 어울리지 않는다.

만약 PER이 10이라면 현재 주가가 이익의 10배로 거래된다는 것을 의미한다. 여기서 PER이 10 이하로 낮으면 저평가주, 20~100배 이상이면 고평가주라고 흔히 이야기한다.

가치를 중시하는 투자자라면 배당은 많이 주고, 주가의 변동성이 적은 주식을 선택할 것이다. 미국의 대표적인 통신사 중 하나인 버라이즌(Verizon)을 살펴보자. 연배당률은 4.3%가 넘고 주가의 변동성을 나타내는 베타값은 0.42에 불과하다. 가치를 중시하여 버라이즌을 선택한 투자자라면 이 기업의 연평균 매출 증가율이 0.7%에 불과한 것을 탓해서는 안 될 것이다.

여기서 알 수 있듯 배당도 많이 주고 주가도 많이 올라가는 경우는 극히 드물다고 보면 된다. 버라이즌도 성장은 둔화되었지만 꾸준한 이익을 기반으로 높은 배당을 주고 있다. 그러나 주가 상승률은 S&P500지수보다 못하다.

| 버라이즌과 S&P500지수의 주가 상승률 비교(2012~2020년) |

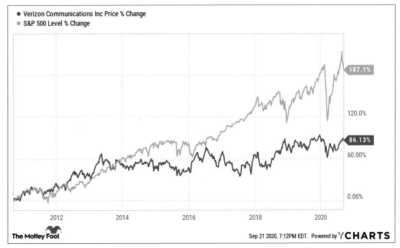

출처: 모틀리 풀(2020.9.24.)

다만, 한 가지 더 알아두어야 할 것이 있다. 바로 성장과 가치에 대한 개념을 다시 한번 정립할 필요가 있다는 것이다. 그 이유는 미국주식투자에서 성장과 가치의 개념은 국내증시와 사뭇 다르기 때문이다.

성장주와 테마주는 개념이 다르다

먼저 성장주부터 알아보자. 국내증시에서는 성장주와 테마주를 같은 의미로 쓰는 경우가 대부분이다. 예를 들어 수소전기차, 코로나19 백신과 치료제, 스마트 시티, 디지털 뉴딜, 5G 등 수많은 테마가 있다. HTS나 MTS에서 각종 테마를 검색하면 관련 주식이 수십 개 이상 보인다. 증권회사는 물론이고 관련 방송국에서도 이러한 각종 테마주를 성장주로 인식하고 고객이나 시청자에게 안내한다.

하지만 최소한 미국증시에 투자할 때는 그렇게 생각하면 곤란하다. 즉, 위에서 말한 테마주를 성장주로 인식하고 접근하면 안 된다. 미국증시에서 성장주와 가치주의 개념은 명확히 다르다. 먼저 가치주와 성장주의 개념은 과거의 숫자와 미래를 예측한 숫자에 기반한다는 점을 확실히 이해해야 한다.

성장주는 매출과 이익, 현금흐름 등 과거부터 현재까지의 데이터는 물론이고 최소 향후 1~3년까지 예측한 숫자를 기반으로 평가한다. 이때 중요한 것은 월가 투자은행(IB)들의 객관적 분석에 따른 전망치에 절대적으로 근거한다는 점이다. 회사가 너무 작거나, 크더라도 증권사 애널리스트들이 예측한 전망, 즉 보고서가 존재하지 않으면 성장주라고 하지 않는다.

가치주도 마찬가지다. 국내 증시에서는 대개 부동산이 많거나, 혹은 음식료 등 국내 매출 비중이 높고 오래된 기업의 주식을 단순하게 가치주로 여긴다. 하지만 미국을 비롯한 선진국 증시에서는 그렇지 않다. 기술, 에너지, 음식료 등 섹터를 굳이 구분하지 않는다.

성장주란 시장의 평균 성장률을 크게 상회해서 성장할 것으로 예상되는 회사의 주식을 말한다. 이러한 주식은 대개 배당을 지급하지 않는다. 성장주는 일반적으로 단기간에 성장을 가속화하기 위해 발생한 수익을 재투자하려는 회사이기 때문이다. 따라서 투자자는 성장주에 투자할 때 향후 주식을 매도할 경우 주가 차익을 통해 수익을 얻을 수 있을 것으로 기대한다.

반면 가치주에는 화려한 성장 특성이 없다. 가치주로 간주되는 기업은 시간이 지남에 따라 매출과 수익이 완만하게 증가하는 안정적이고 예측 가능한 비즈니스 모델을 가지고 있는 경향이 있다. 일반적으로 가치주 투자자들은 배당금을 통해 이익을 얻으려고 한다.

| S&P500 기준 대표 성장주 |

심볼	기업명
MSFT	Microsoft Corp

AAPL	Apple Inc
AMZN	Amazon.com Inc
FB	Facebook Inc
GOOGL	Alphabet Inc
GOOG	Alphabet Inc
V	Visa Inc
MA	Mastercard Inc
NVDA	NVIDIA Corp
ADBE	Adobe Inc
NFLX	Netflix Inc
PYPL	PayPal Holdings Inc
HD	Home Depot Inc
PG	Procter & Gamble Co
CRM	Salesforce Inc

| S&P500 기준 대표 가치주 |

심볼	기업명
BRK.B	Berkshire Hathaway Inc
UNH	UnitedHealth Group Inc
VZ	Verizon Communications Inc
JNJ	Johnson & Johnson
T	AT&T Inc
BAC	Bank of America Corp
XOM	Exxon Mobil Corp
CSCO	Cisco Systems Inc
PFE	Pfizer Inc
WMT	Walmart Inc
CVX	Chevron Corp
JPM	JPMorgan Chase & Co
MDT	Medtronic PLC
PG	Procter & Gamble Co
C	Citigroup Inc

미국주식
무작정 따라하기

012 저평가주 골라내는 법

"주식투자는 쌀 때 사서 비싸게 팔면 되는 거 아닌가요?"

분명히 맞는 얘기지만, 그것이 전부라고는 할 수 없기에 주식투자를 하다 보면 스트레스를 받기 십상이다.

한 주에 300달러를 주고 샀다가 350달러에 팔면 분명히 주당 50달러를 벌었기에 행복해야 하는 것이 맞다. 하지만 350달러에 판 주식이 계속 올라서 500달러를 넘어 600달러, 심지어는 1,000달러를 넘기면 얘기가 달라진다. 수익을 낸 것은 맞지만 더 큰 수익을 얻을 기회를 날려버렸다는 자괴감에 빠지게 되기 때문이다. 또 다른 경우도 있다. 내가 50달러를 번 기간에 지인이 100달러, 200달러를 벌었다면 어떨까? 투자자 본인은 주식이 저평가되었을 때 사서 고평가가 된 다음에 팔았다고 생각하겠지만 그 기준은 늘 상대적이다.

저평가와 고평가의 기준

저평가와 고평가의 기준을 객관적으로 명확히 할 필요가 있다. 기업의 매출규모 대비, 이익규모 대비, 현금흐름 대비 주가가 싼지 아닌지 등에 따라서 소위 저평가, 고평가로 나눈다.

예를 들어 가치주를 선호하는 투자자라면 바로 이런 숫자의 상대적인 높고 낮음에 따라 주식을 판단할 뿐이다. 물론 상대적으로 싸다, 비싸다의 기준은 다를 수 있다. 일반적인 기준은 두 가지다.

첫 번째는 S&P500 전체의 밸류에이션 지표를 기준으로 한다. PER(주당이익비율)이 S&P500 전체의 밸류에이션 지표보다 높으면 고평가, 낮으면 저평가되었다고 한다. 두 번째는 해당 기업이 속한 섹터의 평균 밸류에이션 지표를 기준으로 한다. 즉, 특정 기업의 PER이 30배로 꽤 높다고 하더라도, 해당 섹터의 PER과 비교해서 비싼지, 싼지가 더 정확한 비교기준이자 판단기준이 될 수 있다.

참고로 2020년 6월 기준으로 S&P500 기업의 12개월 예상실적 기준 평균 PER은 20.4배다.

| 주요 섹터별 12개월 예상실적 기준 PER(2020년 6월 기준) |

커뮤니케이션	22.3배	헬스케어	16.6배
임의 소비재	39.3배	산업	24.1배
필수 소비재	20.1배	기술	24.6배
에너지	45.0배	소재	21.8배
금융	15.3배	유틸리티	18.5배

그렇지만 이것 역시 절대적인 기준이 될 수는 없다. 섹터 내에서도 성격과 특성에 따라 나뉠 수 있고, 각 분류에 따라 평가기준이 또 달라질 수 있기 때문이다. 예를 들어 기술섹터는 전 세계 투자자들 사이의 높은 인기만큼이나 많은 하위 분류가 존재하고 PER 평가도 다양하다.

| 기술섹터의 PER 평가(2020년 6월 기준) |

애플리케이션 소프트웨어	42.7배	커뮤니케이션 장비	15.7배
데이터 프로세싱과 아웃소싱	32.5배	반도체	19.4배
IT 컨설팅과 기타 서비스	15.9배	반도체 장비	16.3배
시스템 소프트웨어	29.6배	테크놀로지 하드웨어, 저장장치, 주변기기	22.6배

정리하면 특정 기업의 고평가, 저평가 여부를 구분할 때는 단순히 현재 실적 기준의 PER이 아니라 12개월 후의 예상실적을 기준으로 PER을 평가하는 것이 일반적이다. 이에 더해 시장 전체는 물론이고, 해당 기업이 속한 섹터와 세부 분류의 평균 PER과 비교해서 판단할 필요가 있다.

PEG가 낮으면 저평가주

이렇게 PER의 상대적 위치를 이해하고 고평가, 저평가 여부를 알아냈다고 해도 그 기업에 대한 투자판단을 내리기에는 2% 부족하다. 이때 필요한 지표가 바로 PEG, 즉 이익증가비율로 PER을 주당이익의 증가율로 나눈 값이다. 예를 들어 PER이 10인 기업 A의 이익 성장률이 연간 20%라고 가정하면 PEG는 0.5(PER 10 ÷ 성장률 20% = 0.5)가 된다. PEG는 PER에 성장률을 반영하여, 주가가 기업의 성장성을 얼마나 잘 반영하고 있는지를 나타낸다. 아무리 PER이 높다고 해도 PEG가 낮으면 성장성에 비해서 주가가 낮다고 해석할 수 있다.

2020년 6월 기준 미국 S&P500의 PEG는 2.3배다. 미국 기술주에 대한 고평가 논란이 많지만 기술섹터의 PEG는 1.9배로 시장 평균보다 오히려 낮다는 점에 주목할 필요가 있다. 참고로 커뮤니케이션은 2.3배, 임의소비재는 2.3배, 헬스케어는 1.8배, 소재는 1.6배 수준으로 시장 평균과 비슷하거나 오히려 낮다.

이렇게 고평가와 저평가의 구분은 상대적이어서 다양한 기준을 적용할 수 있으며, 특히 시장 혹은 섹터 내 평균을 항상 상대적으로 고려해야 한다는 점을 기억하기 바란다.

특정 기업의 PER과 PEG에 대한 정보는 대부분의 금융정보 사이트에서 쉽게 찾을 수 있다. 참고로 야후 파이낸스에서 애플의 PER과 PEG를 찾아보자.

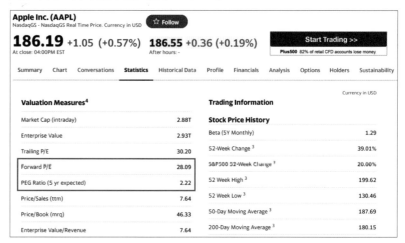

출처: 야후 파이낸스

적정주가와 목표주가
이해하기

해외주식투자를 시작하면 일상생활에서 쓰지 않던 단어들을 자주 접하게 된다. 주문을 내는 방법도 여러 가지이고 해외여행 때를 제외하고는 관심 없던 환율이라는 단어도 일상적으로 쓰게 마련이다.

많이들 헷갈리는 용어도 있는데 대표적인 것이 바로 적정주가와 목표주가다. 증권사 직원을 만나거나, 아니면 경제 TV나 요즘 대세인 유튜브 등을 보다 보면, 특정 기업의 목표주가와 적정주가가 얼마이니 지금 가격에서는 매수 혹은 매도하는 것이 좋다는 얘기를 자주 듣는다. 그런데 그런 말을 하는 사람들 중에서조차 정확한 개념을 아는 사람은 드물다. 그러니 그런 설명을 제대로 이해하는 사람은 거의 없다시피하다. 그렇지만 목표주가와 적정주가, 이 둘의 차이점을 정확히 이해하는 것은 매우 중요하다.

목표주가는 기대감을 반영한다

"교수님, 애플을 얼마에 팔까요?"
주식투자를 시작한 지 얼마 되지 않은 초보투자자일수록 보유하고 있는 주식을 얼마에 팔지에 대한 고민이 많은 것이 사실이다. 장기적으로 주식을 보유하며 기업과 함께 커가면서 자연스럽게 배당도 받고 투자자산이 불어나는 것을 즐기기보다는 단순히 이익을 빨리 챙기고 싶은 심리가 그만큼 강하기 때문이다. 이런 '얼마에 팔까요'에 대한 대답이 바로 증권사에서 제시하는 목표주가라고 이해하면 편하다. 당장의 시세가 아니라 몇 년 후면 이익이 얼마 정도 증가할 테니, 그에 따라 주가도 지금보다 상당히 오를 것이라는 기대감이 반영된 것이 목표주가다. 증권사의 애널리스트들은 주로 목표주가를 제시한다.

어떤 기업이 지금 제공하는 제품이나 서비스도 중요하지만, 그것들에 대한 수요와 생산이 같이 늘어나면서 기업이 어느 정도까지 성장할 수 있느냐가 판단의 기준이 된다.

예를 들어보자. 수년간 그래픽 처리 장치(GPU) 분야에서 독보적인 위치를 차지한 엔비디아는 칩 수요의 급증과 인공지능(AI)의 호황으로 큰 수익을 거둘 수 있는 완벽한 입지를 구축했다. 그 결과 2024년 3월 현재 지난 12개월 동안 엔비디아의 분기별 매출과 잉여현금흐름은 각각 200%와 360% 증가했다.

이러한 급격한 상승에 일부 분석가들은 2024년에 엔비디아가 투자자들에게 더 많은 것을 제공할 수 있을지 의문을 제기하고 있다. 그러나 칩 시장의 동향에 따르면 엔비디아는 어드밴스드 마이크로 디바이시스(Advanced Micro Devices)와 인텔(Intel)의 새로운 제품에도 불구하고 AI GPU에서 선두 시장 점유율을 유지하는 데 큰 문제가 없을 것으로 보인다.

한편, AI 시장은 최소 2030년까지 연평균 37%의 성장률이 예상되고 있다. 이 분야의 잠재력을 고려할 때 아직 한계에 도달하지 않은 것이다. GPU 수요는 당분간 계속 증가할 것으로 보이며, 엔비디아는 AI를 통해 상당한 이득을 지속적으로 이어갈 준비가 되어 있다고 볼 수 있다. 이에 최고 목표주가는 1,200달러까지 제시되고 있다.

부동산에 비유하자면, 현재 개발 중인 지역의 10억 원의 상가가 몇 년 후 주변 개발이 완료되어 유동 인구가 증가하면 20억 원으로 상승할 것이라고 예측하는 경우, 이것이 목표가격이 될 수 있다.

다만, 목표주가는 끊임없이 변하기 마련이라는 것을 유념해야 한다. 점차 유동인구가 많아질 것으로 기대했지만 기대와 달리 개발이 무산될 수도 있고, 바로 옆에 경쟁 상가가 잇따라 들어설 경우 전망 자체가 바뀌기 때문이다. 정부가 부동산 관련 대출한도를 늘리거나 반대로 축소할 때마다 전망이 바뀌는 것과 마찬가지다.

주식시장도 이와 비슷하다. 코로나19와 같은 사태로 경제활동이 위축되면 기업의 실적에 대한 전망도 바뀌고 당연히 목표주가도 조정된다. 주가는 살아있는 생물이라는 사실을 늘 기억하자. 그러나 필자는 목표주가를 잘 활용하는 것이 일반 개인투자자들이 선택할 수 있는 가장 좋은 투자방법이라고 믿는다.

목표주가로 매수·매도 타이밍 잡기

미국 월가 증권사 애널리스트가 발표하는 목표주가들의 평균을 흔히 컨센서스(Consensus)라고 표현한다. 컨센서스를 활용하는 방법은 매우 유용하면서도 간단하다. 목표주가의 컨센서스가 꾸준히 우상향하는 기업에 투자하고, 반대로 우하향하는 기업에는 투자하지 않으며, 만약 해당 주식을 갖고 있다면 빨리 매도하면 된다.

하지만 이런 의견에 반대하는 독자들도 꽤 있을 것이다. 특히 국내주식 투자를 경험한 독자들 중에는 증권사 애널리스트 의견을 어떻게 믿느냐면서 그 의견과 반대로 해야 한다고 노골적으로 얘기하는 사람도 많다. 국내 증권업계의 풍토상 애널리스트들이 소신껏 자기 의견을 내지 못함을 비판하는 시각이다.

일정 부분 이해가 되기도 한다. 그렇지만 최소한 미국 같은 선진국 증시에서는 그렇게 접근했다가는 큰코다치기 쉽다. 국내증시와 달리 미국증시에서는 개인들도 공매도가 가능해서, 애널리스트들이 특정 기업에 대한 부정적인 의견도 눈치 보지 않고 소신껏 발표할 수 있기 때문이다. 계속 시가총액 1, 2위를 다투는 애플만 하더라도 매도의견이 꽤 많다. 그렇기 때문에 국내와 달리 목표주가의 컨센서스를 활용하는 방법이 꽤 유용하다. 목표주가의 컨센서스는 대부분의 금융정보 사이트와 국내 HTS에서도 쉽게 확인할 수 있다.

일시적인 악재로 주가가 하락하는데 목표주가가 유지되거나 올라갈 때가 있다. 기업의 본질가치는 변한 게 없기 때문이다. 이런 경우에는 매수가 맞는 전략이다. 반대로 일시적인 호재로 주가는 상승하는데 목표주가가 하락하면 매도가 맞는 전략이다.

세계 경제의 불안감 등 여러 이유로 주가가 무차별적으로 떨어지는 경우는 종종 일어난다. 이럴 때마다 자주 듣는 이야기가 바로 이런 이야기다.

"적정가치보다 주가가 하락해 저평가되어 있다."

그렇다면 적정가치라는 것을 어떻게 평가해야 할까?

적정가치는 기업 역량의 본질적 평가다

경제나 금융시장의 큰 방향성이 목표주가에 큰 영향을 미치는 것과 달리, 특정 기업의 적정가치는 절대적으로 기업의 본질적인 역량을 기반으로 평가한다. 미래를 전망하는 다양한 수익 모델을 통해서 미래의 수익과 현금흐름을 전망하고, 그 결과를 현재가치로 할인하여 산출한 것이 그 기업의 적정가치가 되며 이를 주식 수로 나누면 적정주가가 된다. 목표주가를 주로 증권사에서 제공하는 것과 달리, 적정가치는 주로 기

업가치를 평가하는 신용평가사나 펀드를 평가하는 곳에서 제공한다. 적
정가치를 전문적으로 연구하는 재무투자론 학자들도 많다.

이해하기 쉽게 부동산에 비유해 설명하면, 지금은 상가 가격이 10억 원
이지만 앞으로 유동인구가 늘어나서 20억 원이 될 수 있다는 예측이 목
표주가의 개념이고, 적정주가는 그 부동산의 공시지가라고 보면 된
다. 미래의 불확실한 변수 혹은 기대감에 영향받지 않고, 절대적인 부동산
의 가치로 평가하는 것이 바로 공시지가이다. 수도권 아파트 공시지가
의 대부분은 현재 시세보다 낮게 형성되어 있다. 그렇지만 간혹 경제가
크게 위축되는 시기의 특정 지역에서 부동산 시세가 공시지가보다 낮으
니 절호의 매수기회라고 광고하는 것을 한 번쯤 본 기억이 있을 것이다.
이 공시지가는 주식에 비유하면 적정가치를 기반으로 한 적정주가다.

적정주가로 매수·매도 타이밍 잡기

누구나 애플, 아마존, 마이크로소프트 같은 성장 대형주를 선호하는 것
은 아니다. 현재는 주가의 탄력성이 낮더라도 주가가 최소한의 적정주
가보다도 떨어졌을 때 주식을 매수했다가, 반대로 적정주가보다 많이
올라갔을 때 파는 투자자들도 꽤 많다. 흔히 가치투자를 중시하는 투자
자들이 이에 해당하는데 이들은 기본적으로 목표주가보다는 적정주가
를 신뢰하고 이것을 투자판단의 기준으로 삼는다.

적정주가는 목표주가에 비해 개인투자자가 직접 확인하기 어렵다. 미국
에서는 모닝스타 같은 펀드 평가기관이나 독립적인 리서치기관이 적정
주가를 발표하고 있지만 유료서비스가 대부분이다. 반면 국내에서는 증
권사에서 적정주가를 제공해주므로 주식투자자들이 쉽게 확인할 수 있
는 장점이 있다.

무작정
따라하기

목표주가의 컨센서스 접근법

① 키움증권 HTS의 해외주식 메뉴에서 0601(해외주식 종합차트)을 클릭한다.

| 해외주식 종합차트 선택 방법 |

② 왼쪽 메뉴 중 기타 지표에서 목표가를 지정하고 해당 기업명을 입력하여 컨센서스 화면에 접근한다.

| 록히드마틴의 주가와 목표주가 추이 |

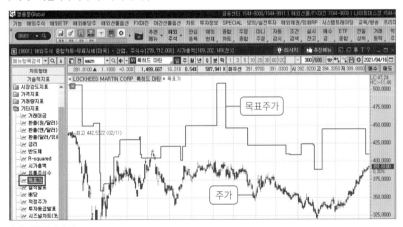

출처: 영웅문Global

| 엔비디아의 주가와 목표주가 추이 |

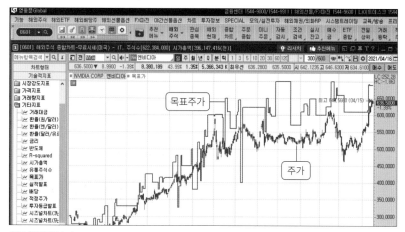

출처: 영웅문Global

록히드마틴과 엔비디아의 주가와 목표주가를 같이 보면 현재 주가보다 목표주가가 매우 높게 설정되어 있다는 것을 알 수 있다. 이는 월가에서 현재 해당 기업의 주가 상승 가능성을 높게 본다는 것을 의미한다. 장기투자를 하려고 마음먹었다면 목표주가를 꼭 확인하기 바란다.

무작정
따라하기

초보자도 할 수 있는 적정주가 찾는 법

① 키움증권 HTS에서 0601을 클릭한다.

| 키움 0601(해외주식 종합차트) 선택방법 |

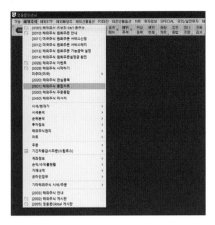

② 왼쪽 메뉴 중 기타 지표에서 적정주가를 지정하고 금융주인 제이피모건체이스(JPM)
의 적정주가를 알아본다.

| 제이피모건체이스의 주가와 적정주가 추이 |

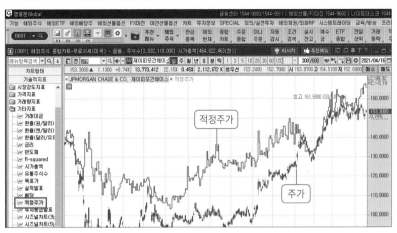

제이피모건체이스는 주가가 상당 기간 적정주가보다 아래에 형성되어 있음을 알 수 있다. 그만큼 저평가 구간에 들어가 있다고 볼 수 있다.

| 메타플랫폼스(구 페이스북)의 주가와 적정주가 추이 |

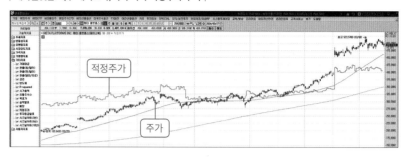

메타플랫폼스(구 페이스북)는 대표적인 성장주라서 주가가 엄청나게 고평가되어 있다고 생각하기 쉽다. 하지만 적정주가를 확인해보면 실제 그렇지 않다는 것을 알 수 있다. 막연히 추측하지 말고 모든 종목을 직접 확인해보기 바란다.

동전의 양면 같은
매매차익과 배당수익

주식투자를 하는 이유는 무척 단순하다. 바로 돈을 벌기 위해서다. 그럼 돈을 버는 방법은 무엇일까? 역시 단순하다. 싸게 사서 비싸게 파는 것이다. 마치 아파트를 5억 원에 사서 10억 원에 파는 것과 같다. 이렇게 번 5억 원을 우리는 매매차익이라고 하고 좀 더 학술적으로는 자본이득(Capital Gain)이라고 한다.

그렇지만 주식투자로 돈을 버는 방법에는 이런 매매차익 외에 한 가지가 더 있다. 바로 배당으로 돈을 챙기는 방법이다. 대부분의 초보투자자들이 간과하는 부분인데, 실제 주식투자를 한다는 것은 특정 기업의 주주가 된다는 것이다. 기업의 목적은 결국 돈을 벌어서 주주에게 그 이익을 나눠주는 것이다. 이것을 배당이라고 한다. 배당을 줄 때는 주식으로 나눠주기도 하지만 대부분은 현금으로 지급하기 때문에 주식투자자들은 매매차익 외에도 돈을 챙길 수 있다. 이것이 바로 배당수익이다.

이 두 가지에 대해서 좀 더 알아보자.

매매차익

매매차익을 얻는 방법은 단순하다. 싸게 사서 비싸게 팔면 되니 정말 쉽다. 그런데 실제로 해보면 끝도 없는 어려움에 직면하게 된다. 우선 싸게 사는 것의 기준이 도대체 뭐란 말인가? 가격은 어떻게 정해지는 것인지, 왜 이렇게 시도 때도 없이 움직이는지, 왜 어느 때는 크게 떨어지고 어느 때는 크게 상승하는지 도무지 알 수 없다. 무엇보다 궁금한 것은 도대체 언제 싸지냐는 것이다.

팔 때도 마찬가지다. 당연히 비싸게 팔고 싶은데 가격은 오히려 계속 떨어지고, 주위에서는 주식시장이 어려우니 손해 보고 팔고 다른 주식으로 만회해야 한다고 하는데 무슨 말인지 알 수가 없다. 또, 주가가 일정 수준 이하로 떨어지면 손해가 더 커질 수도 있으니 손해를 확정하는 소위 손절매를 잘해야 한다고 하는데 그건 또 무슨 소리인지…. 모든 것이 의문투성이다.

운이 좋아 내가 산 가격보다 좀 비싸게 팔아서 꿈에 그리던 매매차익이 생겼는데, 다음 날 보니까 내가 판 가격보다 더 오른 경우도 왕왕 생긴다. 그럼 어제 판 가격은 비싸게 판 것이 아니고 진짜 싸게 판 것이 아닐까? 이런 자괴감에 빠지기도 한다. 주식투자를 한두 번이라도 해본 독자라면 쉽게 공감이 될 것이다. 본인이 산 주식이 좀 떨어졌을 때의 스트레스보다 팔고 난 주식의 가격이 올랐을 때의 스트레스가 수만 배는 더 크다.

뒤에서 천천히 배우겠지만 이 시점에서 한 가지 분명히 짚고 넘어가야 할 것이 있다. 주식투자를 시작했다면 최소한 싸다, 비싸다를 판단하는 본인만의 시각을 가져야 한다는 것이다. 절대적인 가격은 중요하지 않다. 항상 상대적인 가격을 생각하는 것이 기본이다.

다시 한번 강조하지만 주식투자에서 중요한 것은 상대적인 가격이다. 이익이든 자산이든, 매출이든 현금흐름이든 뭐든 상관없다. 혹은 주식시장 전체 혹은 섹터 대비 가격도 좋다. 기업별로 섹터별로 다를 수도 있다. 중요한 것은 주당 가격이 100달러든 1,000달러든 절대적인 가격이 아니라 주가에 대한 나만의 평가 기준이 있어야만 싸다, 비싸다를 판단할 수 있다는 것이다.

예를 들어 A기업의 연간 주당 이익이 50달러인데 주가가 500달러라면 주당이익비율(주가수익비율)이 불과 10배다. 반면에 B기업은 주당 이익이 10달러인데 주가가 200달러라면 주당이익비율이 20배다. 어느 주식이 싸고 어느 주식이 비싼 것일까?

필자가 강연할 때 가장 많이 듣는 질문은 어떤 기업이 좋은 것은 알겠는데 너무 많이 올라서 지금 투자하기가 무섭다는 것이다. 위에서 예로 든 A기업을 다시 이야기해보자. 500달러였던 주가가 1년 후 100%나 올라 1,000달러가 되었다고 가정해보자. 그런데 그 기업의 주당이익이 연간 50달러에서 200달러로 급증했다면 주당이익비율은 1년 전 10배에서 오히려 5배로 낮아졌다. 절대적인 주가는 많이 올랐지만 상대적 주가는 오히려 50% 싸진 것이다.

따라서 매매차익이 궁극적으로 주식투자의 기본이기는 하지만 단순히 가격만 보고 접근하면 오히려 낭패를 보는 경우가 대부분이다. 상대적으로 싸게 사서 상대적으로 비싸게 팔아야 한다는 것을 잊지 말자.

배당수익

이번에는 배당수익에 대해서 알아보자. 강연을 하다 보면 간혹 투자자들에게 어떤 주식을 꿈꾸는지 물어볼 기회가 있다.

"좋은 주식이란 어떤 걸까요?"

"주가가 계속 오르는 주식이 좋은 주식이죠."

"그러면 배당은요?"

"아, 당연히 주가도 계속 오르고 배당도 많이 주는 주식이 좋은 주식이지요."

"만약 주가가 크게 출렁거리면요?"

"그렇다면… 주가도 계속 오르고 배당도 많이 주고 변동성도 적은 주식이 좋은 주식이겠네요."

하지만 아쉽게도 그런 주식은 아마 찾기 힘들 것이다. 매매차익과 배당수익을 동시에 노리는 것은 웬만해서는 쉽지 않다.

주가가 많이 오르는 기업은 넘쳐나지만 언젠가는 급락하는 경우가 대부분이고, 배당을 많이 주는 기업 중에 주가가 계속 오르는 기업은 거의 없다. 투자자들이 선호하는 아마존이나 구글, 테슬라 등도 아직 배당을 지급한 적이 없다. 즉, 배당을 많이 주는 기업이 꼭 좋은 기업이 아니라는 것을 꼭 짚고 넘어갔으면 한다.

매매차익만큼 쉽지 않은 것이 배당수익을 이해하는 것이다. 간단히 설명하자면 배당은 기업들이 경영을 잘해서 발생한 이익을 주주에게 나눠주는 것이다. 어찌 보면 당연한 것이지만 배당수익을 노리는 투자자 입장에서는 유의할 것이 한두 가지가 아니다. 가장 중요한 것 몇 가지만 간단히 정리해보자.

배당을 지급하고 안 하고가 주식투자의 절대적인 기준이 될 수는 없다. 배당을 나눠주는 대신 기업이 투자를 거듭해서 기업 가치를 높이는 것이 주주에게 도움이 될 수도 있기 때문이다(아마존과 구글이 대표적인 예다).

배당을 많이 주는 기업을 흔히 배당수익률(현재 주가 수준 대비 배당지급액의 비율)이 높은 기업이라고 생각하기 쉽다. 그렇지만 주가가 하락하면 배당수익률이 높아지게 마련이다. 반대로 주가가 오르면 배당수익률이 낮아진다. 그러니 이보다는 기업의 이익이 꾸준히 증가해서 배당금 지급규모가 꾸준히 증가하는 것이 중요하다. 따라서 미국 배당주 투자에서는 몇 년째 배당금을 인상해서 지급했는지가 중요한 척도가 된다.

부동산, 유틸리티, 통신 섹터 등 성장성에 한계가 있는 기업들은 전통적으로 배당금을 많이 지급한다. 그렇지만 주가의 상승 탄력은 낮다. 미국 주식을 겉치레로 경험해본 투자자들 중 상당수가 미국의 특정 통신주를 첫 주식으로 선택해 투자를 시작하곤 한다. 반은 틀린 선택이고 반은 올바른 선택이다. 순수하게 배당수익을 원한다면 올바른 선택일 수 있지만 매매차익과는 거리가 멀 수 있기 때문이다.

누군가 "마이크로소프트, 아마존, 애플 등은 이렇게 잘 오르는데 내가 갖고 있는 통신주나 필수소비재 주식은 왜 이래요?"라고 묻는다면, 이 사람은 매매차익과 배당수익을 동시에 노린다는 것을 알 수 있다. 하지만 지금까지 말했듯 이 두 가지를 동시에 충족하기란 본질적으로 쉽지 않다.

한국식 모멘텀투자 vs
미국식 장기투자

처음 주식투자에 나서는 투자자들 거의 모두가 좋은 기업을 잘 선택해서 장기적인 관점으로 투자하겠다며 포부를 다진다. 딱 투자론 교과서에 나오는 그대로다.

그렇지만 막상 주식투자를 시작하면 그런 마음가짐은 온데간데없어진다. 매일매일, 심지어 매 순간 주가를 조회하고, 자신도 모르게 주식을 팔고 또 다른 주식을 사는 모습에 스스로 놀라곤 한다.

불과 30년 전만 해도 주식투자를 하려면 직접 증권사를 방문하거나 전화로 주문을 냈어야 했고 수수료도 꽤 비쌌다. 그렇지만 시대의 변화에 따라 인터넷이 일반화되어 HTS가 널리 쓰이기 시작하면서 인터넷이 되는 공간이라면 언제 어디서나 쉽게 주식을 사고팔 수 있게 되었고 더불어 수수료도 싸졌다.

한국식 모멘텀투자

요즘은 주식계좌를 개설하는 것만 놓고 봐도 이전과는 완전히 달라졌다. 일단 증권회사에는 평생 한 번도 갈 필요가 없다. 스마트폰만 있으면 언제 어디서든 계좌를 만들 수 있고 MTS, 즉 모바일 트레이딩 시스템이 보편화되어 스마트폰으로 어디서든 주문할 수 있다.

직장에서는 다양한 방법으로 직원들의 PC를 통한 매매를 규제하지만 각자 스마트폰으로 하는 거래까지 막을 방법은 없다. 거기다가 수수료도 싸졌고, 매매 판단을 도와주는 다양한 지표와 차트는 물론이고 국내외 증권사의 리포트도 전부 손안에서 이용 가능하다.

그러나 이렇게 매매가 편리해진 만큼 장기투자하기가 어려워진 측면도 있다. 내가 산 가격보다 조금만 오르면 일단 팔고 싶어지는 게 인간의 마음이다. 심지어는 일단 팔았다가 다시 내려가면 그때 사면 그만이라는 자기 합리화에 빠지기도 한다. 조금만 찾아보면 그렇게 하라고 유혹하는 온·오프라인 투자 클럽도 많다.

SNS상에서도 마찬가지다. 누구는 A라는 주식에 몰빵해 얼마나 많은 돈을 벌었고, 그래서 그 돈으로 뭘 샀다는 식의 얘기도 자주 접한다. 그럴싸한 내용이 덧씌워진 재료도 널려 있다. 무슨 호재성 재료가 있다는 것은 기본이고, 특정 세력이 매집하고 있다거나 차트분석상 완벽한 매수 시점이 도래하고 있다는 식이다. 증권사 직원이든 경제방송 출연자든 주위에서 주식을 꽤나 했다는 지인들도 한결같이 재료 모멘텀, 수급 모멘텀, 차트 모멘텀 등 다양한 모멘텀을 얘기한다. 그렇지만 국내증시에서 말하는 모든 모멘텀은 단기 트레이딩을 유도하기 위한 설명에 불과하다.

호재성 재료가 있으니 지금 투자하라는 것은 재료가 다 알려졌으니 결국엔 팔라는 것이고, 세력이 매집하고 있으니 지금 투자하라는 것도 나중에 그들이 팔 때 같이 팔라는 것이고, 기술적으로 매집신호가 나왔다는 것 역시 많은 사람들이 달려들 때 팔고 나오라는 것일 뿐이다.

이런 모멘텀투자법을 비하할 의도는 전혀 없다. 그렇지만 딱 한 가지는 분명히 이야기하고 싶다. 꽤 오랫동안 증권업계에 있었지만 그런 매매로 큰돈을 벌었다는 사람을 거의 만난 적이 없다는 것이다. 오히려 대부분이 돈을 잃었다며 국내주식은 절대 해서는 안 된다는 식으로 얘기한다. 정말 이상하다. 이토록 수많은 뉴스며 매매 시스템 등을 쉽게 활용할 수 있는데도 주식투자로 돈을 잃었다는 사람들이 많으니 말이다.

이유는 딱 하나다. 그런 투자법을 설명해둔 제대로 된 교과서가 그 어디에도 없기 때문이다. 그럼 누가 돈을 벌었을까? 모르긴 몰라도 그런 얘기를 잘하는 사람들이 돈을 벌지 않았을까 싶다. 증권회사 직원이든, 나름 전문가라고 하는 사람이든, 혹은 무슨 주식 스터디 클럽의 운영자든 누구든 말이다.

미국식 장기투자

필자가 미국주식을 막 시작하려는 투자자들을 상대로 대한민국에서 누구보다 많이 강연했다는 것은 누구나 다 인정하는 사실일 것이다. 그런데 강연을 하며 국내주식투자에 실패한 많은 개인투자자들을 만나면 진심으로 하고 싶은 이야기가 있다. 국내주식으로 꾸준히 돈을 잃은 사람이 똑같은 방법으로 미국주식에 투자한다면 역시 돈을 잃을 가능성이 크다는 것이다. 이유는 단순하다. 미국주식시장에서는 국내주식시장에서 흔히 얘기하는 모멘텀 투자방식으로는 성공할 가능성이 적기 때문이다. 왜 그런지 주요 이유를 몇 가지만 설명하겠다.

첫 번째, 미국증시에는 국내증시처럼 홍보성 뉴스가 넘쳐나는 사이트나 HTS 자체가 거의 없다. 기업과 관련된 뉴스는 90% 이상이 실적과 관련된 것뿐이다. 그것도 회사의 IR과 애널리스트의 기업분석이 거의 대부분이다. 특정 뉴스가 호재 또는 악재로 작용하는 일도 많지 않고 테마주로 분류되는 일도 거의 없다.

두 번째, 수급 자체를 공개하지 않는다. 최소한 선진국에서는 우리나라처럼 실시간으로 창구나 기관, 외국인의 수급을 공개하지 않는다. 3개월에 한 번 1억 달러 이상 기관투자가가 보유 종목을 공개하고 투자자 보호 차원에서 공매도 통계를 한 달에 두 번 공개하는 것이 전부다.

세 번째, 차트분석의 신뢰도가 적다. 직접 주식을 매매하는 개인투자자 비중이 10% 정도에 불과하고 개인들 다수가 은퇴계좌를 활용하기 때문이기도 하지만, 기업의 실적에 대한 전망과 판단을 중시하는 미국 증권업계의 오랜 관행 때문이기도 하다.

현재와 미래의 실적 분석과 전망을 근거로 좋은 주식을 장기적으로 판단하고, 꾸준하게 투자하는 것이야말로 돈을 버는 거의 유일한 방법이라고 여기는 관점이 미국증시의 주류를 차지하고 있다. 최근 10년간 헤지펀드와 공격적인 뮤추얼펀드의 인기가 급속히 쇠락하고 지수와 섹터를 추종하는 수동적 ETF가 대세로 확산 중인 것도 같은 맥락에서다. 미국주식투자에서 한국식 모멘텀 투자는 그냥 잊고 살거나 극히 일부만 참고해야 한다. 바로 이런 점이 필자가 국내주식투자를 한 번도 안 해본 투자자들이 오히려 미국주식투자로 돈 벌 가능성이 크다고 생각하는 이유다.

알아두세요

헤지펀드(Hedge Fund)
소수의 투자자로부터 자금을 모집해 운영하는 펀드로 주식, 채권, 파생상품, 실물자산 등 다양한 상품에 투자해 목표수익을 달성하는 것을 목적으로 한다.

뮤추얼펀드(Mutual Fund)
유가증권 투자를 목적으로 설립된 주식회사 형태의 법인회사다. 다수의 일반인이 거대한 자금을 모아 뮤추얼펀드의 자본금으로 납입하면 운용회사에서 운용해준다.

소리 없이 강한 벤치마크투자

미국주식에 대한 강연이나 인터뷰를 하다 보면 가장 많이 듣는 질문 중 하나가 바로 '미국주식투자가 좋은 이유는 무엇인가요?'이다.

늘 같은 질문을 받기에 준비해 둔 답변이 있다. 바로 '미국주식은 장기적으로 주가가 오르고 있기 때문'이라는 것이다. 물론 계속 오를 수만은 없고, 몇 년 동안 계속 내리기도 하며 또 오랫동안 제자리에서 맴돌기도 하지만 미국증시는 그동안 꾸준히 우상향해 온 것이 사실이다. 이것이 국내증시와 가장 크게 다른 점이다.

 알아두세요

**벤치마크지수
(Benchmark Index)**

다른 사람과 자신을 비교하는 것이 항상 좋은 생각은 아니지만 뮤추얼펀드나 ETF에 투자할 때는 비교가 중요하다. 벤치마크는 주식투자에서 목표수익률을 정할 때 추종하고자 하는 표본의 지수다. 이 지수는 펀드의 운용 성과를 측정하는 기준이 된다. 쉽게 말하면 S&P500지수를 추종하는 ETF는 SPY이다. 이때 SPY의 벤치마크지수는 S&P500지수라고 말한다. 미국주식시장의 대표적인 벤치마크지수는 S&P500, 다우존스지수, 나스닥지수 등이다. 상식적으로 ETF를 만들 때, 모든 ETF는 따라가야 할 추종지수가 있어야 하므로 없으면 새롭게 개발하기도 한다. ETF가 추종지수를 얼마나 잘 따라가느냐는 매우 중요하며 이 추종지수를 벤치마크지수라고 한다.

KOSPI, 벤치마크지수로는 매력적이지 않다

주식투자의 경험이 있든 없든 박스피라는 용어는 대부분 들어봤을 것이다. 박스피는 대한민국 증시의 벤치마크 지수인 코스피(KOSPI)가 위아래 박스권에 머물러 있다는 것을 재밌게 표현한 말인데, 쉽게 말하면 박스 안에 갇힌 한국 지수를 뜻한다고 보면 된다.

그렇기 때문에 조금 오르면 팔았다가 다시 떨어지면 사는 것을 반복하는 것이 돈을 버는 유일한 방법이고, 장기투자는 책에서만 나오는 전혀 도움이 안 되는 고리타분한 전략이라고 폄하하기도 한다. 일정 부분 맞는 얘기이기도 하다. 그렇지만 한 발짝 더 들어가서 왜 국내증시가 박스피라고 비판받는지를 이해할 필요가 있다.

계속 강조하지만 기업의 목적은 돈을 잘 벌어서 주주들의 이익을 극대화하는 것인데, 대한민국 기업들은 이익이 꾸준히 늘어난 적이 없다. 대한민국 대표기업인 삼성전자도 반도체 시황에 따라서 이익이 크게 늘어났다가 40~50% 이상 급감하기를 반복한다.

국내 재계 2위인 현대차그룹은 어떤가? 삼성동 한전 부지에 소위 통 큰 투자를 한 이래 수년 동안, 정확히 말하면 2018년까지 계속 이익이 줄어들었다. 재계 1, 2위 그룹이 이러한데 대한민국을 대표하는 벤치마크 지수인 코스피가 꾸준히 우상향할 것을 기대하기는 무리일 것 같다. 앞으로는 모르지만 말이다. 그렇기 때문에 코스피 혹은 코스닥 같은 벤치마크를 추종하는 펀드나 ETF에 장기투자하는 것을 솔직히 매력적이라고 하기는 어렵다.

국내주식투자가 매력적이지 못한 또 한 가지 이유는 코스피든 코스닥이든, 심지어 시가총액 상위기업 200개로 구성된 코스피200까지도 변화와 혁신이 부족해 역동적이지 않다는 치명적인 약점을 지니고 있다는 점이다. 30년 전이나 20년 전, 10년 전 대한민국을 대표하던 기업이 오늘날에도 거의 대부분 그 자리를 유지하고 있다. 최근 10년 사이에 그나마 네이버, 카카오, 엔씨소프트, 셀트리온 등이 시가총액 20위권에 새롭게 등장했지만 여전히 삼성전자를 중심으로 한 대기업 집단의 위치는 그대로다. 필자는 물론이고 대부분의 독자가 앞으로 10년 후에도 삼성전자가 국내 시가총액 1위 기업일 것이라고 믿고 있다.

앞서도 언급했듯 뱅가드자산운용의 창업자로 미국에서 인덱스펀드, 즉 벤치마크펀드를 제일 먼저 만든 존 보글이 생전에 한 얘기가 있다. 미국 주식시장의 최고 매력은 끊임없는 혁신과 도전이라는 것이다. 시간이 흐르면서 새로운 기업들이 계속해서 주도권을 잡아가는 변화가 끊임없

 알아두세요

인덱스펀드(Index Fund)
목표지수(인덱스)를 선정해서 해당 지수와 동일한 수익률을 올리도록 운영하는 펀드이다.

이 일어나고 있다는 이야기이다.

지금이야 애플과 마이크로소프트가 약 1조 5,000억 달러에 달하는 시가총액으로 1, 2위를 다투고 있지만 과거 10년, 20년 전에는 전혀 다른 기업들이 미국증시의 주역이었다.

지금은 쇠락의 길을 걷고 있는 제너럴 일렉트릭도 한때 미국 시가총액 1위 기업이었고, 다우케미칼과 엑손모빌도 한 시대를 호령했다. 월마트도 마찬가지다. 그러니 앞으로 10년 후에도 애플, 마이크로소프트, 아마존, 구글이 변함없이 시장을 이끌고 있을지는 장담할 수 없다. 그만큼 미국의 대표기업은 치열하게 도전하며 끊임없이 경쟁한다.

미국의 주요 벤치마크 지수들, 즉 S&P500, 다우지수, 나스닥지수는 이러한 역동적인 시장 환경을 반영하여 정기적으로 자신들의 구성 종목을 업데이트한다. 벤치마크에 들어간 주식은 계속 고정되어 있는 것이 아니라 정기적, 비정기적으로 바뀌며 당대 최고의 종목으로만 구성하도록 지

| 패시브형 펀드와 액티브형 펀드의 자금유입현황 |

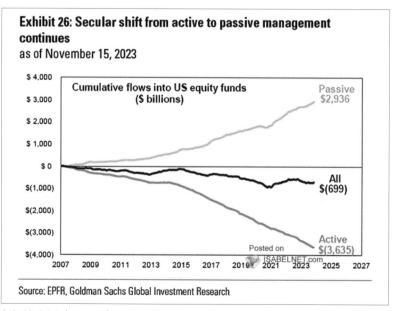

출처: 야후 파이낸스(2023.11.15.)

수 구성 위원회는 최선을 다한다. 경쟁력이 떨어지면 벤치마크 구성에서 밀려나고 투자자에게도 외면받는다. 반대로 새롭게 편입된 기업의 실적이 좋아져서 주가가 올라가면 지수 내의 영향력도 자연스럽게 커진다.

미국에는 벤치마크를 그대로 추종하는 펀드나 ETF가 많고 실적도 좋다. 그렇다 보니 지수를 추종하는 패시브 ETF의 규모가 엄청나게 커지고 있다.

펀드매니저라면 수익률에서 벤치마크지수를 이기고 싶어 하지만, 지수를 이기는 펀드매니저 비율은 1년에 평균 15% 이내에 불과하다. 3년 연속 이기는 펀드매니저는 3%가 채 안 된다. 그런 이유로 필자도 초보투자자들한테 대표지수인 S&P500을 추종하는 펀드나 ETF에 투자하는 전략을 가장 먼저 소개한다. 물론 99%의 투자자들은 직접 주식을 사고 팔면서 더 수익을 내고 싶어 하지만 말이다.

이러한 초보투자자에게 제안하는 방법이 하나 더 있다. 최소한 10~20% 만큼이라도 S&P500에 바로 투자하고 최소한 1~2년 동안은 그대로 둔 채, 나머지는 본인의 뜻대로 매매하는 방법이다. 단, 최소한 1~2년 후 결과를 보고 판단해야 한다. 1~2년 후 그리고 심지어 3~4년 뒤의 결과에서도 본인의 매매 수익률이 벤치마크지수, 즉 S&P500을 이겼다면 직업을 바꾸라고 말하고 싶다. 그럴 수 있는 투자자는 최소 1% 이내의 능력자이기 때문이다.

미국 애널리스트의
투자의견 활용하기

주식투자를 할 때 많은 투자자들이 어려움을 겪는다. 주가에 영향을 미치는 요인이 수만 가지나 되고, 특정 주식에 대한 의견도 의견을 내는 사람 숫자만큼 다양하기 때문이다. 어찌 보면 당연하다. 투자자들의 의견이 다 다르니 특정 주식을 사는 사람도 많고 파는 사람도 많은 것이다.

어느 누구도 내일은커녕 1시간, 심지어 10분 후의 주가도 정확히 모른다. 누군가 미래의 주가를 정확히 안다고 얘기한다면 오만하기 그지없는 사람이거나 아니면 주가를 조작하려는 범죄자일 수밖에 없다.

그렇다면 투자자들, 특히 초보투자자들은 주식의 가치를 판단할 때 어디에서 도움을 받으면 좋을까? 필자는 단연코 증권사 애널리스트들의 의견을 많이 참고하라고 조언하는 편이다. 그런데 이에 대한 반론이 또 만만치 않은 것이 사실이다. 역시나 국내주식에 투자해본 경험이 좀 있는 사람들의 반론이 많다.

의견을 자유롭게 내지 못하는 국내 애널리스트

국내 주식투자자 중에는 증권사 애널리스트들의 의견을 믿을 수 없다거나, 증권사에서 추천하는 것과 반대로 하면 오히려 정확하다고 불평하는 투자자가 많다. 증권회사에서 그것도 산업, 기업분석과 투자전략 그리고 특정 종목을 선택하는 스톡피커(Stock Picker)의 역할을 오랫동안 해왔던 필자의 입장에서는 곤혹스러운 주장일 수밖에 없다.

이러한 불평을 하기 전에 국내 증권사의 독특한 투자환경을 이해해야 한다. 국내주식시장에서는 특정 기업에 대해서 애널리스트가 중립 혹은 매도의견을 쉽게 내기 어렵다. 혹여나 부정적인 분석이나 평가 자료를 공개하면 해당 기업은 물론이고 일반 투자자들의 비판이 쏟아지기 십상이기 때문이다. 당신이 뭘 안다고 내가 투자한 기업을 안 좋게 평가하느냐는 정도의 비판은 애교다. 공매도 세력의 하수인 아니냐는 욕설도 받게 마련이고 심하면 신상 털기에 나서는 무서운 네티즌들도 넘쳐난다. 특히 해당 기업이 대기업이라면 증권사 임원을 통한 압박도 무시 못 한다. 그래서 여의도 금융가에는 주가나 지수가 떨어지는 것을 전망하고 맞히는 애널리스트나 리서치센터장이 단명하기 쉽다는 이야기까지 있다.

그러니 애널리스트들은 대체로 부정적인 내용을 공개하기를 꺼리며 리포트를 작성하지 않는 방향으로 상황을 회피하는 경우가 많다. 마치 홍길동이 아버지를 아버지로 부르지 못하고, 형님을 형님으로 부르지 못하는 것과 같이 씁쓸한 현실이다.

이런 이유로 국내주식투자에서는 증권사의 투자의견과 목표주가의 영향력이 다소 떨어지는 것이 사실이다. 게다가 2,000여 개의 상장사 주식 중에 증권사의 투자의견과 목표주가가 있는 경우는 150~200여 개에 불과하고, 나머지 90% 정도의 기업에 대해서는 증권사의 투자의견이 없어 소위 깜깜이 투자가 이어지고 있다.

상황이 이렇다 보니 개인투자자들은 뉴스나 주가 자체를 중시하는 차트 분석 등에 의존하는 경우가 대부분이다. 포털의 종목 게시판이 인기를 끄는 것도 이런 증권사의 제한적 역할 때문에 생겨난 또 하나의 웃픈 현실이다.

과감히 의견을 내는 미국 애널리스트

미국주식시장은 이런 국내주식시장과는 완전히 다른 세상이다. 가장 큰 차이는 기관투자가는 물론이고 개인투자자들도 공매도를 자유롭게 할 수 있다는 점이다. 앞서도 언급했듯, 공매도는 주가가 떨어질 것이라는 판단이 들면 수중에 주식이 없어도 빌려서라도 팔 수 있는 제도이기 때문에 주가가 떨어지면 돈을 벌게 된다.

그래서 애널리스트들이 특정 기업에 대해서 과감히 매도의견을 낼 수도 있고, 그 의견에 동의하면 누구라도 쉽게 돈을 벌 수 있는 기회가 있다. 그 의견이 정확하다는 평가가 이어지면 해당 애널리스트는 업계에서 좋은 평판을 받을 것이고 승진이나 임금인상으로 보상받게 된다. 반대로 의견이 틀리면 그에 상응하는 책임을 지게 된다.

최소한 미국에서는 매도의견을 제시한다고 해서 비판받거나 심지어 신상을 털리는 일은 없다. 최대 기업 중 하나인 애플이나 마이크로소프트에 대해서도 중립은 물론이고 매도의견도 있다. 특히 애플은 매도의견이 제법 많다. 테슬라는 말할 것도 없다.

TECHNOLOGY | STREET NOTES

Apple Stock Drops After Downgrade. What's Causing Concern.

By Brian Swint (Follow)

Updated Jan 02, 2024, 9:57 am EST / Original Jan 02, 2024, 7:26 am EST

Share   AA Resize   Reprints

Apple, the largest U.S. company by market capitalization, was downgraded at Barclays Tuesday with analysts noting weakness in sales of iPhones and Mac computers.

출처: 마켓 스크리너(2024.1.2.)

단, 국내와 같이 거의 모두가 매수의견을 제시하는 문화가 아니다 보니 유의할 부분이 있다. 대부분의 경우 목표주가의 컨센서스, 즉 애널리스트들의 목표주가 평균값과 현재 주가의 차이가 크지 않은데, 그 이유는 매도의견도 꽤 많기 때문이다. 그러므로 미국주식투자 시에는 현재 주가와 목표주가의 차이가 크지가 않다고 걱정할 필요가 없다. 늘 그래왔기 때문이다.

키움증권 영웅문S#에서도 투자의견과 종목분석 내용을 살펴볼 수 있다.

'영웅문S# → 해외주식 → 현재가 → 투자의견' 경로로 들어가 확인한다.

'영웅문S# → 해외주식 → 현재가 → 종목분석' 경로로 들어가 확인한다.

추이를 살펴보라

한 가지 더 팁을 소개하자면, 투자의견과 목표주가를 활용할 때는 특정 증권사의 투자의견도 중요하고 의미가 있겠지만 그 추이를 살펴보는 게 좋다. 즉, 목표주가의 컨센서스가 꾸준히 오르고 있는지, 혹은 반대로 꾸준히 내리고 있는지가 핵심이다.

시장상황에 따라서 주가 자체는 단기적으로 오르기도 하고 내리기도 한다. 그렇지만 목표주가의 컨센서스 방향 자체는 쉽게 변하지 않는다. 다수의 애널리스트 의견이 집계되기 때문이다. 주가는 횡보하거나 하락해도 목표주가의 컨센서스가 꾸준히 우상향하면 매수하기에 좋은 시기일 수 있다. 반면에 주가는 오르고 있지만 목표주가는 변하지 않거나 오히려 내려가고 있다면 그 주식은 고평가된 상태일 가능성이 크다. 그런 주식에 대해서는 매도를 고려한다.

다음 그래프는 과거 애플의 목표주가 추세와 주가의 관계를 보여주는 것으로, 결국 같은 방향으로 움직임을 알 수 있다.

| 애플 주가와 목표주가 |

출처: 시킹알파(2012.3.14.)

미국주식투자에서 가장 중요한 것은 바로 실적이고, 그 어떤 것보다 실적만을 최우선으로 고려하는 것이 바로 애널리스트들의 고유 업무다. 다시 한번 기억하자. 미국의 애널리스트들은 아버지를 아버지라 부르고 형님을 형님이라 부르는 사람들이라는 것을.

모바일 키움증권 영웅문S#에서도 종목분석 내용을 살펴볼 수 있으니
참고하자.

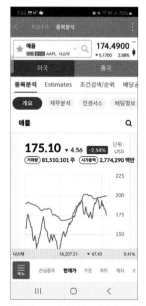

'영웅문S# → 해외주식 → 현재가 → 종목분석' 경로로 들어가 확인한다.

영문 뉴스 읽는 법

실적과 관련된 영어에만 집중하자

재테크와 분산투자의 일환으로 미국주식투자를 권하는 강연을 할 때마다 제일 먼저 듣는 질문은 단연코 "미국주식투자를 해보고는 싶은데 영어를 잘 못해도 괜찮나요?"이다.

필자가 미국주식을 처음 경험한 20년 전에도, 지금도 똑같이 듣는 얘기다. 이에 대한 필자의 대답도 똑같다.

"한국말 잘하셔서 국내주식으로 큰돈 버셨나요?"

"국내주식시장에서 외국인이 돈을 잘 번다고 하는데, 그런 외국인들 중에 한국말을 아는 투자자가 몇 명쯤 있다고 생각하세요?"

한국말의 수준과 국내주식의 수익률은 전혀 상관이 없다. 국내주식에 직접적이든 간접적이든 투자하고 있는 외국인 펀드매니저 중에 한국말을 하기는커녕 한국에 와본 경험이 있는 비율도 3%밖에 안 된다는 통계를 본 적이 있다. 즉, 언어 구사능력과 주식투자는 거의 상관이 없다. 그러니 일단 영어 때문에 미국주식을 못한다는 말은 거두기 바란다. 그런 말은 일종의 핑계일 뿐이다.

해외여행, 해외유학, 해외취업, 해외이민 등이 일반화된 세상에서 영어를 못해서 미국주식투자를 못한다는 이유는 정말 궁색하게 들린다.

다음으로 많이 듣는 말은 투자결정에 참고할 외국 뉴스를 접하기가 쉽지 않다는 푸념이다.

그러면 필자는 이렇게 질문한다. 국내처럼 HTS나 MTS를 통해 수많은 뉴스가 시시각각 쏟아지는 환경에서 얼마나 많은 도움을 받았고 또 주식투자로 얼마나 수익을 냈느냐고. 이 질문에 많은 도움을 받아 수익을 냈다고 대답하는 사람은 역시 별로 없다.

지금까지 계속 강조했듯이 미국주식시장에서는 실적이 가장 중요하고, 거의 유일무이한 변수다. 미국의 금융 관련 포털은 물론이고 증권사의 홈페이지 혹은 트레이딩 시스템에서 소개하는 뉴스는 거의 모두 실적에 관한 내용뿐이다.

물론 영어를 전혀 모르면 곤란하지만 기초적인 영어 수준만 넘어선다면 실적과 관련된 뉴스를 살펴보는 것은 그리 어렵지 않다.

특히 국내 증권사들도 요즘은 로이터통신이나 연합인포맥스 등을 통해서 미국 기업에 관한 뉴스를 한글로 신속하게 소개해준다. 가장 중요한 증권사 애널리스트들의 실적 전망 변경 등도 한글로 서비스한다. 그래서 영어 때문에 미국주식을 못한다는 것이 핑곗거리에 불과하다고 하는 것이다.

| 키움증권 HTS에서 제공하는 해외투자정보 |

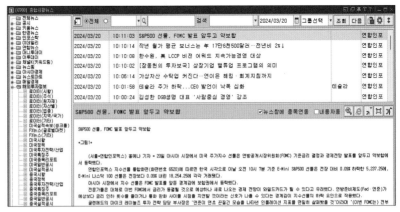

출처: 키움증권 영웅문Global

모바일 키움증권 영웅문S#에 접속해서도 해외뉴스를 살펴볼 수 있으니
참고하자.

'영웅문S# → 해외주식 → 뉴스/공시/지표 → 해외뉴스' 경로로 들어가 확인할 수 있다.

한글로도 얼마든지 찾아볼 수 있는 해외 기업 소식

기업별 소식이 한글로 얼마나 많이 소개되는지는 다음 항목을 보면 쉽
게 알 수 있을 것이다.

날짜	뉴스 제목	관련 기업
2020-06-30	Facebook(FB), 광고 보이콧으로 인한 실제 매출 타격 제한적일 듯	페이스북
2020-06-30	Facebook(FB) 제외한 효과적인 온라인 마케팅 캠페인은 거의 불가	페이스북
2020-06-30	Costco(COST), 사업 정상화에도 67월 실적 호조 낙관	코스트코홀세일
2020-06-30	Qualcomm(QCOM), 5G iPhone에 초고주파 모듈 탑재는 강	퀄컴

2020-06-30	Beyond Meat(BYND), 코로나19發 음식점 폐점으로 투자의견	비욘드미트
2020-06-30	2021년 하반기에 금값 2,000달러 돌파할 것… Barrick Gold Corp & Newmont Corp	뉴몬트마이닝
2020-06-30	Microsoft(MSFT), 매장 폐점은 소비자 반응이나 매출에 큰 영향	마이크로소프트
2020-06-30	Facebook(FB), 광고주들 보이콧은 매수 기회, 강력 매수 유지	페이스북
2020-06-30	Apple(AAPL), 차기 iPhone에 충전기헤드폰 포함 않을 것	애플
2020-06-29	Facebook(FB), 보이콧에 따른 매출 타격 5% 미만… 저가매수	페이스북
2020-06-29	Amazon(AMZN), 코로나19 통해 독보적 가치에 관심 집중	아마존
2020-06-29	Square(SQ), 핀테크 앱 이용 확대되면서 Cash App 수혜…	스퀘어
2020-06-29	Bristol-Myers Squibb(BMY) 파이프라인, 향후 수 년간	브리스톨-마이어스스
2020-06-29	Activision Blizzard(ATVI), Call of Duty	액티비전블리자드
2020-06-29	Tesla(TSLA), 각지에 생산설비 확충되면서 수익성 향상 기대하고	테슬라
2020-06-29	Facebook(FB) 보이콧 운동, 장기적 리스크 되지는 않을 것	페이스북
2020-06-29	Southwest Airlines(LUV), 강력한 국내선 네트워크가 회	사우스웨스트에어라인
2020-06-29	Electronic Arts, 플랫폼간 교차 플레이 기능, Stay-at	일렉트로닉아츠
2020-06-29	Tesla(TSLA), 소비자 만족도 설문조사에서 꾸준하게 높은 순위 차	테슬라
2020-06-29	美 증시 전망 불투명… 조정장 발생 가능성 상당 JPM 외	제이피모건체이스
2020-06-29	Delta Air Lines(DAL), 항공 섹터 리트머스 테스트와 같아	델타에어라인
2020-06-29	Broadcom(AVGO), 수익 가시성 확대, 투자의견 상향 - Eve	브로드컴
2020-06-29	Mastercard(MA), 6월 자료 및 장기 전망 낙관적, 매수의견	마스터카드
2020-06-29	Microsoft(MSFT), 오프라인 매장 영구 폐점 결정 긍정적 평가	마이크로소프트
2020-06-29	Nike(NKE), D2C 전략 통해 매출 증가 이익률 상승 야기될	나이키
2020-06-29	Nvidia(NVDA), Mercedez와 제휴는 경상 매출 창출할 것	엔비디아
2020-06-29	Amazon(AMZN), Zoox 인수로 시장 판도 뒤바뀔 가능성 有	아마존
2020-06-29	Apple(AAPL), 자체 칩 개발 사업 긍정적 평가 - Loop Ve	애플

물론 영어에 익숙한 독자라면 야후 파이낸스, CNBC, 인베스팅 닷컴 등을 이용하면 실시간 뉴스를 쉽게 접할 수 있다. 영어를 잘 못한다면 구글이나 네이버 번역기를 이용하면 된다. 뜻을 이해하는 데는 전혀 문제가 없다. 특히 글로벌 금융정보 사이트로 유명한 인베스팅 닷컴(www.investing.com)은 꽤 많은 뉴스를 한글로도 서비스해주므로 많은 도움을 받을 수 있다.

인베스팅 닷컴에서 주식 정보 뉴스 읽기

① 인베스팅 닷컴(www.investing.com) 사이트에 접속한다.

② 오른쪽 상단의 국기 아이콘을 클릭해 한국어를 지정하면 한글 뉴스가 보인다.

유튜브도 미국주식시장과 관련된 뉴스를 검색하고 활용하는 데 도움이 된다. 필자가 운영하는 '미국주식에 미치다 TV'나 '미국주식에 미치다 카페'를 비롯해 빠르면서도 정확하게 뉴스를 추려주고 시황을 설명해주는 전문 커뮤니티도 있으니 활용해보자. 이렇게 미국주식투자에 필요한 뉴스를 습득하는 데는 큰 어려움이 없다.

그럼에도 불구하고 영어 때문에 뉴스를 빨리 취득하지 못해 빠른 결정을 내리지 못할 것 같다는 걱정이 사라지지 않는다면, 다시 한번 자신을 돌아보기를 권한다. 수많은 정보와 뉴스를 얻을 수 있는 국내주식시장에서 그 덕분에 제대로 돈을 번 적이 과연 얼마나 있었는지 말이다.

미국주식은 기술적 분석보다
기본적 분석으로!

뭐든지 완벽하게 준비하고 나서야 시작하는 사람들이 있다. 이런 사람들은 주식투자, 그것도 미국주식투자를 하려면 투자에 대한 기본지식을 완벽히 이해해야 된다면서 수많은 책을 섭렵하고 유명하다는 유튜버의 영상을 수도 없이 찾아본다.

이들 중에는 재무제표를 공부하려면 기본 회계지식도 필요하다고 생각하는 사람도 있다. 물론 관련 책도 수없이 많고 '며칠 만에 끝내는 ○○분석'류의 강의도 많다. 하지만 대학교에서 전공으로 몇 년 동안 배우는 것을 며칠 만에 끝낸다는 것이 가능할까 싶다.

국내 1,500만 투자자들이 재무제표를 다 이해하고 투자할까? 전혀 아니다. 전문적으로 기업을 분석하는 것이 직업인 애널리스트도 아니고, 보통 개인투자자들에게 그 정도의 깊은 지식이 필요하지 않으니 일단 걱정은 내려놓자.

그렇지만 주식투자에 필요한 최소한의 지식 혹은 분석방법은 알아야 한다. 분석방법에는 크게 두 가지가 있는데 바로 기본적 분석과 기술적 분석이다. 이 두 가지 방법에 대해 차근차근 설명하겠다.

기본적 분석

기본적 분석(Fundamental Analysis)이란 특정 기업, 즉 주식의 내재적 가치를 분석하여 미래의 주가를 예측하는 방법이다. 내재적 가치란 한마디로 그 기업이 현재 돈을 얼마나 잘 벌고 있느냐는 것이다. 물론 아직 돈을 못 버는 기업일 수도 있다. 그렇다면 그 기업의 기술력이나 새로운 시장 창출에 대한 기대감으로 현재 가치를 가늠할 수도 있다. 현재의 상황 인식이 정확하다는 전제하에 미래의 수익도 가늠할 수 있고, 그것을 기준으로 하면 나름 객관적인 향후 목표치를 제시할 수 있게 된다. 이런 프로세스가 바로 기본적 분석이다.

더 쉽게 예를 들어보겠다. 특정 지역에서 카페를 한다고 생각해보자. 한 달 매출이 얼마고, 각종 비용을 제하면 이익 혹은 손해가 얼마나 나는지 계산이 가능하다. 물론 3개월 단위로 계산할 수도 있고 1년 단위로 계산할 수도 있다. 이제는 미래를 예측해보자. 근처에 큰 사무용 빌딩, 혹은 대규모 아파트 단지가 들어서는데 일반 상가가 들어설 계획은 없다고 가정해보자. 카페 매출은 당연히 늘어날 것이고 직원 수도 늘어날 것이다. 지금보다 매출은 50% 늘어나고 이익은 70% 늘어난다는 계산이 나왔다고 해보자. 그러면 현재는 카페의 권리금이 5,000만 원이지만 미래의 수익증가를 예상해서 권리금을 7,000만~8,000만 원 혹은 1억 원까지 올려서 팔지, 혹은 사업을 계속할지 고민할 수 있을 것이다.

이런 것이 바로 기본적 분석이고 이런 일을 하는 사람들이 바로 증권사의 애널리스트들이다. 물론 개별 기업에 대해서는 변수가 많아 미래를 예측하기 어렵지만, 이들은 최선을 다하고자 노력한다. 일반 개인투자자도 나름대로 정확한 기본적 분석방법을 통해서 정확히 주가분석을 하여 좋은 투자 결과를 얻을 수 있다.

주식투자, 그것도 미국주식투자에 들어선 초보투자자들이 이런 지식이 부족하다고 좌절할 이유는 전혀 없다. 증권사나 금융정보 사이트를 통해서 국내 증권사는 물론이고, 내로라하는 미국 주요 투자은행(IB)들의 기본적인 분석 결과를 쉽게 확인하고 이를 투자에 활용할 수 있기 때문이다. 그들의 분석을 어느 정도 신뢰하고 참고하느냐는 사람마다 다르겠지만, 이 부분에 부정적인 시각을 갖고 있는 투자자들에게 필자가 늘 되묻는 말이 있다. 그들의 기본적 분석 결과를 신뢰하지 않고 참고하지 않으면 도대체 어떤 것에 의존해서 투자하느냐고 말이다.

국내 증권사 HTS에서도 특정 기업에 대한 미국 주요 증권사 애널리스트들의 투자의견을 업데이트해서 제공하고 있으니 적극 활용했으면 한다.

│ 키움증권 HTS에서 제공하는 미국주식 종목별 투자의견 │

추천일	평가회사	애널리스트	투자등급	목표가	추천일종가
2024/03/18	KeyBanc	Brandon Nispel	보유	0	172.70
2024/03/14	Citi	Atif Malik	매수	220.00	173.56
2024/03/13	Bernstein Research	Toni Sacconaghi	보유	195.00	172.89
2024/03/12	Jefferies Co.	Andrew Uerkwitz	매수	205.00	173.23
2024/03/12	Bank of America Securities	Wamsi Mohan	매수	225.00	172.79
2024/03/11	Evercore ISI	Amit Daryanani	매수	220.00	172.75
2024/03/08	Citi	Atif Malik	매수	220.00	171.31
2024/03/08	Barclays	Tim Long	매도	158.00	170.73
2024/03/07	UBS	David Vogt	보유	190.00	168.83
2024/03/05	Rosenblatt Securities	Barton Crockett	보유	189.00	170.00
2024/03/04	J.P. Morgan	Samik Chatterjee	매수	0	174.30
2024/03/04	Evercore ISI	Amit Daryanani	매수	220.00	174.40
2024/03/01	Goldman Sachs	Mike Ng	보유	0	178.94
2024/02/28	Morgan Stanley	Erik Woodring	매수	220.00	181.42
2024/02/28	Wedbush	Daniel Ives	매수	250.00	180.75
2024/02/28	UBS	David Vogt	보유	190.00	181.42
2024/02/28	Bank of America Securities	Wamsi Mohan	매수	225.00	182.83
2024/02/28	Barclays	Tim Long	매도	158.00	181.42

출처: 키움증권 영웅문Global

물론 기본적 분석에도 한계가 있다. 기업들이 고작 3개월에 한 번씩만 공개하는 실적으로는 시시각각 변하는 경영환경을 반영하지 못한다. 또한 전문지식이 없으면 특정 기업의 현황을 정확히 이해하기도 어려운데 미래를 전망하기란 더욱 쉽지 않다.

이런 점 때문에 복잡한 기업분석을 배제하고 단순히 주가 자체와 거래량을 기반으로 분석하는 방법이 있다. 바로 기술적 분석이다.

기술적 분석

기술적 분석(Technical Analysis)은 테크니컬 분석이라고도 하고 흔히 차트 분석이라고도 한다. 주식투자를 처음 시작하는 초보자들이 수도 없이 듣는 이야기 중 하나가 기본적인 분석 공부는 멀리하더라도 차트 분석만은 꼭 공부해야 주식투자를 할 수 있다는 말이다. 특히 국내주식투자 경험이 많은 투자자일수록 차트 분석을 중요하게 생각하는데 일정 부분 일리가 있긴 하다.

앞에서 이미 한번 정리했지만, 국내증시는 이익이 꾸준히 늘어난 적이 없고 소위 박스권에서 움직이는 경우가 대부분이다. 또한 2,000여 개의 상장 주식 중 증권사에서 기본적 분석 자료를 제공하는 기업이 200여 개가 채 되지 않는다. 많은 코스닥 기업, 이 중에서도 특히 테마성으로 움직이는 주식들은 대부분 기본적 분석 자체가 없다. 그러다 보니 투자자가 직접 기본적 분석을 잘하지 않는 한, 차트에 기반한 기술적 분석에 의존하게 되기 쉽다. 이러한 투자는 어차피 실적이 좋아질 거라는 믿음을 갖고 하는 것이 아니니, 남들보다 좀 더 빨리 샀다가 빨리 팔고 나오려는 시각으로 접근하게 된다.

국내 증권사의 HTS나 MTS만큼 다양한 기술적 분석 툴을 많이 제공하는 곳은 세상에 없다. 심지어 맞춤형 분석도 언제든지 가능하다. 웬만한 증권사는 모두 오프라인 혹은 온라인으로 기술적 분석과 관련된 강의도 제공한다. 그렇지만 기술적 분석에는 치명적인 약점이 존재한다. 바로 같은 기술적 분석기법을 이용하더라도 해석하는 사람에 따라 판단이 완전히 달라질 수 있다는 점이다. 그럴싸하게 설명하는 소위 전문가들조차 똑같은 주가와 거래량을 갖고도 저마다 다르게 판단할 수 있다는 점에서 신뢰를 갖기는 힘들다. 이러한 이유로 국내증시에서 수많은 개인투자자들이 그동안 기술적 분석에 투자한 비용과 시간에 비해서 주식투자로 돈을 번 경우가 얼마나 많은지 되묻지 않을 수 없다.

기술적 분석에 무모하게 많은 시간과 비용을 투자할 필요가 없다. 최소한 미국주식에 투자하는 동안에는 그렇다. 이유는 단순하다. 미국은 우리나라와 달리 직접 주식을 사고파는 개인투자자들의 비중이 크지 않은데다, S&P500이나 나스닥 대형주들의 거의 대부분을 기관투자가들이 보유하고 있고 기술적 분석에 의존해서 매매하는 경우가 거의 없기 때문이다.

장기 추세를 이해하기 위해 50일이나 200일 이동평균선 정도만을 참고할 뿐이다. 미국에서 보조지표와 차트를 분석하며 흔히 듣게 되는 ○○형, XX형 패턴 식으로 설명하는 방송이나 애널리스트는 거의 본 적이 없다.

이제 막 미국주식투자를 시작하려는 독자에게 누군가가 "차트 공부는 좀 하고 주식에 투자하느냐?" 혹은 이런 차트에서는 주식을 사야 한다거나 혹은 팔아야 한다는 식으로 의견을 제시한다면, 최소한 주식과 관련해서는 관계를 정리하라고 조언하고 싶다.

다시 한번 강조하지만 미국주식투자에서 기술적 분석을 할 때는 최소한의 추세만 이해하면 충분하다. 즉, 주가가 올라가는 추세인지 하락하는 추세인지만 이해하면 된다. 굳이 추가로 공부해야 마음이 놓이겠다면, 이동평균선의 개념을 이해하고 추세선을 긋는 연습만 해도 차고 넘친다고 할 수 있다.

| 애플의 주가와 50일/200일 이동평균선 추이 |

출처: 키움증권 영웅문Global

꼭 기억하자. 미국주식은 처음부터 끝까지 실적에 대한 분석과 전망, 그리고 판단이 전부라는 사실을 말이다.

야후 파이낸스에서 재무제표 찾아보기

애플을 예로 들어, 개인투자자가 직접 재무제표를 찾는 방법을 소개한다. 야후 파이낸스에서 AAPL을 검색하고, 메뉴에서 Financials를 선택해 Income Statement(손익계산서), Balance Sheet(대차대조표), Cash Flow(현금흐름표)를 확인하면 된다.

① 야후 파이낸스(finance.yahoo.com) 사이트에 접속하여 검색창에 'AAPL'을 넣고 검색한다.

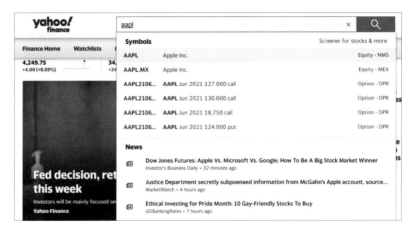

② 메뉴에서 Financials를 선택하고 거기에서 Income Statement(손익계산서), Balance Sheet(대차대조표), Cash Flow(현금흐름표)를 확인한다.

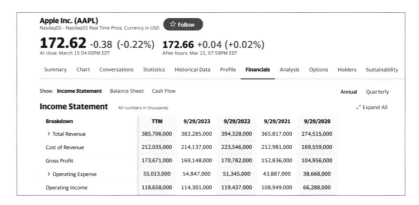

참고로 모바일 키움증권 영웅문S#에서도 재무분석을 살펴볼 수 있다.

영웅문S# → 해외주식 → 현재가 → 재무분석

50일/200일 이동평균선 그리기

① 영웅문Global에서 0601을 클릭해서 차트를 불러온다.

② 'AAPL'을 입력하고 왼쪽 메뉴에서 가격지표, 다음으로 가격이동평균을 클릭한다.

③ 여기서 위쪽의 숫자 1 3 5 10 20 30 60 120 부분을 클릭한다.

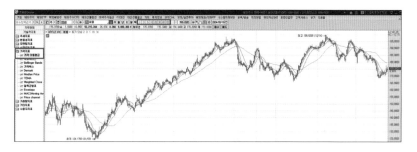

④ 기간4와 기간5에 각각 50과 200을 입력하면 이동평균선이 보인다.

⑤ 50일선과 200일선만 보고 싶다면 라인설정메뉴에서 다른 이동평균선 체크를 지운다.

미국 주식 무작정 따라하기

미국 ETF로 글로벌 산업에 투자하자

점점 커지는 ETF의 매력

ETF란 Exchange Traded Fund의 약자로, 은행이나 증권사에서 꽤 오랜 시간 동안 여러 절차를 거쳐 가입해야 하는 펀드를 거래하기 쉽게 거래소에 상장한 것이다. 상장된 펀드를 대상으로 한 모든 가입절차를 생략하고 주식처럼 언제든지 필요할 때 매매할 수 있도록 만든 상품이라고 이해하면 쉽다.

한 종목에만 집중적으로 투자하는 데 따르는 위험을 피하기 위해 많은 종목을 편입시킨 펀드나 ETF에 대한 관심이 국내에서도 점점 커지고 있다. 기본적으로 특성은 같으니 몇 가지 다른 부분만 이해하면 될 것이다.

ETF와 펀드의 차이점

ETF와 기존 펀드의 차이점을 간략하게 정리해보자.

첫째, 기존 펀드는 가입과 환매 과정을 거치는데 시간도 며칠이나 걸리고 절차도 복잡하다. 반면에 ETF는 거래소에 상장하는 즉시 사고팔 수 있고, 주식계좌와 주식을 살 돈만 있으면 언제든지 실시간으로 매수·매도가 가능하다.

둘째, 기존 펀드는 1년에 1~2% 이상 비용이 발생한다. 펀드를 운용하는 매니저에게 운용보수를 줘야 하고, 펀드를 팔았으니 선취수수료를 지불해야 하며, 나중에는 수탁 보수와 사무관리 보수 등의 비용도 발생한다. 하지만 ETF는 운용비용이 상대적으로 낮아 1년에 0.03~0.3% 범위에서 발생하고 무료로 운용되는 것도 많다. 이 운영비는 1년 동안 매일 순자산에서 차감하기 때문에 거의 미미하므로, 투자자들이 부담을 느끼는 경우는 거의 없다.

셋째, 기존 펀드는 주로 주식이나 채권 등으로 구성되지만 ETF는 원유나 가스, 금, 각종 통화 등 한층 더 다양한 구성이 가능하다. 최근에는 스마트 베타 ETF까지 출시되는 등 상품이 더욱 다양해졌다.

여기서 패시브 ETF와 액티브 ETF의 규모를 비교하고 넘어가자. 다음 그래프를 보면 패시브 ETF의 자금 유입이 액티브 ETF의 자금 유입을 크게 앞서는 모습을 볼 수 있다. 그만큼 패시브 ETF가 상당 기간 높은 선호도를 보였음을 알 수 있다.

**스마트 베타 ETF
(Smart Beta ETF)**

패시브(Passive) 전략과 액티브(Active) 전략을 혼합해서 구사하는 ETF로 배당, 대형주, 소형주, 가치, 성장 등 모든 요소를 고려한다. 여기서 패시브 ETF는 S&P500지수와 같은 주요 인덱스를 벤치마크로 추적하면서 운용되는 ETF이고, 액티브 ETF는 오히려 벤치마크의 수익률을 넘어서는 것을 목표로 매니저의 운용계획대로 운용되는 ETF다.

| 액티브 ETF와 패시브 ETF의 규모 비교 |

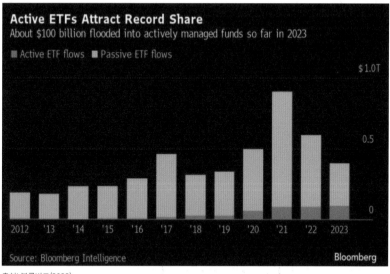

출처: 블룸버그(2023)

넷째, 기존 펀드는 어떻게 운용하는지를 담은 운용보고서를 분기에 한 번 공개하지만 ETF는 어떤 종목에 얼마나 투자하는지 수시로 공개한다.

다섯째, 기존 펀드의 경우 투자금에 맞춰 가입하지만, 레버리지 ETF는 ETF를 이용해서 운용자금의 2~3배를 투자하는 것과 같은 효과를 누릴 수 있다.

여섯째, 펀드의 경우 배당을 받으면 자동적으로 재투자되지만 ETF는 받은 분배금을 재투자할지, 출금할지 투자자 본인이 선택할 수 있다.

잠깐만요

배당금과 분배금의 차이?

배당금은 일반 기업에서 주는 배당을 뜻하고, 분배금은 ETF에서 주는 배당을 뜻한다. 분배금은 ETF 자체의 배당이 아니라 해당 ETF에 편입되어 있는 기업들의 배당 합에서 지급된다.

ETF 투자를 당장 시작해야 하는 여섯 가지 이유

그럼 ETF의 장점 여섯 가지를 본격적으로 알아보자.

첫째, 지수연동형 ETF 상품은 투자가 용이하다. S&P500지수를 추종하는 ETF인 SPY를 예로 들면 이해가 쉽다. S&P500지수를 발표하는 스탠더드 앤드 푸어스의 해당 위원회에서는 실적과 유동성 그리고 미국을 대표하는 기업을 수시로 발굴해서 지수 내에 편입시킨다. 즉, 알아서 종목을 교체하고 운용하여 그 수익을 투자자에게 돌려준다.

늘 되풀이하는 이야기지만, 일반 개인투자자가 미국의 대표지수인 S&P500지수의 수익률을 이기기는 쉽지 않다. 헤지펀드와 S&P500지수의 수익률을 비교하면 이 사실을 바로 알 수 있다. 최근 10년간만 봐도 난다 긴다 하는 펀드매니저들이 최선을 다해서 운용한 헤지펀드의 수익

알아두세요

**스탠더드 앤드 푸어스
(Standard and Poor's)**

무디스, 피치 등과 함께 세계 3대 신용평가기관으로 불리는 미국 기업이다. 다우지수, 나스닥지수와 함께 미국의 3대 지수로 불리는 S&P500지수를 발표한다.

률이 미국의 대표지수인 S&P500지수를 한 번도 이기지 못했다.

| S&P500지수의 연간 수익률과 헤지펀드의 수익률 비교 |

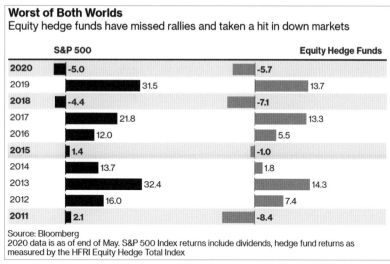

출처: 애스크핀니(2020.7.11.)

둘째, 주식처럼 거래가 가능해 매매가 편리하고 환금성이 좋다. 결제일에서 4일만 지나면 바로 투자금을 현금으로 찾을 수 있다.

셋째, 분산효과에 따른 투자 효율성이다. ETF는 다양한 자산에 투자하여 일반 개인투자자들의 분산투자를 도와주고, 그 결과 위험을 줄여 안정적인 수익을 올릴 수 있게 해준다. 심지어 미국에는 주식과 채권 비율을 적절하게 배분한 ETF도 있다. 바로 블랙록(BlackRock Inc)에서 운용하는 4개의 ETF다. ETF는 이렇게 종류가 다양하니 본인의 성향대로 골라서 투자하면 된다.

 알아두세요

블랙록

미국에 본사를 둔 세계 최대의 자산운용회사로, 1988년에 설립되었다. 2023년 기준 현재 관리 중인 자산이 9조 4,252억 달러이다.

| 주식과 채권을 적절하게 배분한 ETF |

ETF 심볼	주식과 채권의 비율
AOA	80:20
AOR	60:40
AOM	40:60
AOK	30:70

넷째, 거래 비용이 낮아 장기투자할 경우 수익성이 좋아진다. 여기서 한 가지 질문을 던지겠다. 시간이 지나면서 운용사 간의 경쟁이 치열해지고 새로운 ETF가 계속 출시될 경우 과연 ETF의 운용비가 올라갈까, 아니면 내려갈까?

정답은 운용비가 내려간다는 것이다. 그만큼 투자자들에게는 이익이라는 사실을 다음 그래프로 알 수 있다.

| ETF 종류별 연간 운용비 |

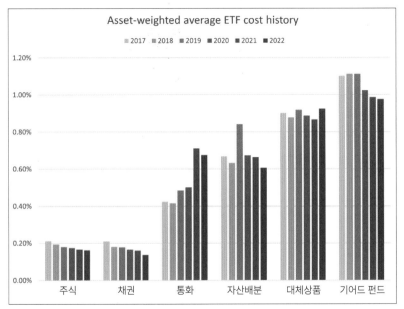

출처: ETF.com(2023)
* 기어드 펀드는 특정 목적이나 상황을 위해 설계된 펀드이다.

다섯째, ETF 편입종목의 변화를 늘 공개하는 등 투명하게 운용한다.

여섯째 장점은 ETF 투자에 있어 가장 중요한 내용이다. 해외주식에 투자할 때는 기업정보가 부족하다고 느낄 수 있는데 이럴 때 특정 기업 하나가 아니라 선호하는 업종, 국가, 통화, 상품 등의 ETF에 투자하면 보다 쉽게 투자할 수 있다는 점이다.

구글에서 ETF 종목 찾기

첫째, 구글에서 검색하기

구글(www.google.co.kr)에서 검색하면 원하는 ETF를 쉽게 찾을 수 있다. 겁내지 말고 아는 단어만 입력하자. 예를 들어 요즘 잘나가는 기술 ETF 를 찾고 싶을 때 'Technology ETF'를 검색하면 엄청난 수의 결과가 나열된다. 금 ETF를 찾고 싶다면 'Gold ETF'로 검색하면 된다.

좀 더 진도를 나가보자. 기술업종의 대표적인 ETF는 XLK인데, 해당 ETF의 편입종목을 알고 싶다면 'XLK ETF Holdings'라고 검색하면 된다. 그리고 잘나가는 ETF, 추천 ETF를 검색하고 싶다면 'TOP ETF', 'BEST ETF'로만 검색해도 수많은 결과를 얻을 수 있다. 수익률이 좋은 ETF도 쉽게 찾을 수 있다. 간단하게 'TOP Performing ETF'라고 검색하면 된다.

지금까지 언급한 영어는 기초단어이지만, 그 결과 얻는 정보는 매우 가치가 있을 것이다. 그러니 수시로 검색에 도전해보자.

둘째, 유용한 사이트에서 검색하기

구글 외에, ETF 검색에 유용한 사이트 몇 개만 더 기억하고 넘어가자.

- **ETF.com(www.etf.com)**: 가장 많이 이용하는 ETF 사이트로 ETF에 대한 기본적인 정보를 제공
- **ETF 데이터베이스(etfdb.com)**: 특정 ETF의 검색에 특화된 사이트
- **ETF 채널(www.etfchannel.com)**: 종류별로 ETF를 구분한 사이트
- **저스트 ETF(www.justetf.com)**: ETF 포트폴리오 및 리밸런싱 정보를 제공하는 사이트

셋째, 내가 원하는 종목이 어떤 ETF에 얼마나 편입되어 있는지 알아보기

| ETF 채널(ETF Channel)의 사이트 초기화면 |

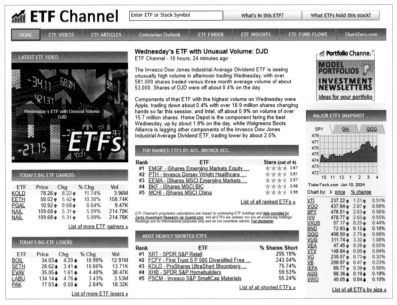

출처: ETF 채널

내가 원하는 종목이 어떤 ETF에 어떤 비중으로 들어 있는지 알고 싶다면, ETF 채널(www.etfchannel.com) 사이트 상단 첫 번째 칸에 원하는 종목의 심볼을 입력하면 된다.

애플 종목으로 한번 검색해보자. AAPL을 입력하고 엔터키를 누르면 다음과 같은 결과물이 나온다. ETF 중 애플 비중이 큰 것은 XLK와 VGT임을 알 수 있다.

| 애플을 보유한 ETF들 |

ETF	AAPL Weight	AAPL Amount
VTI	4.96%	$56,312,806,838
VOO	5.78%	$42,849,378,063
SPY	5.77%	$29,914,959,150
QQQ	10.93%	$18,365,330,218
IVV	5.79%	$16,253,870,305
VUG	9.58%	$15,457,608,504
VGT	19.23%	$10,017,196,275
XLK	21.31%	$8,708,475,227
IWF	10.34%	$6,924,102,922
IVW	11.06%	$3,675,673,102
		List of all 140 ETFs holding AAPL »

출처: ETF 채널

이때 모바일 버전으로 조회하는 것을 추천한다. 그 이유는 PC 버전으로 조회하면 무료 조회 수에 제한이 있기 때문이다. 반면에 모바일 버전은 제한이 없으니 꿀팁으로 알아두기 바란다.

키움증권 영웅문S#에서도 ETF 종목을 찾을 수 있다. 모바일 영웅문S#에 접속해서 '해외주식 → ETF분석' 경로로 들어가 'ETF순위', 'ETF테마검색', 'ETF이지검색'을 활용해보자.

등락률이나 거래량, 자산 등을 기준으로 한 ETF 순위는 '영웅문S# → 해외주식 → ETF분석 → ETF순위' 경로로 들어가 확인한다.

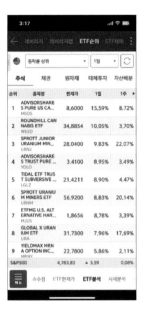

테마별로 ETF를 찾고 싶다면 '영웅문S# → 해외주식 → ETF분석 → ETF테마검색' 경로로 들어가 확인한다.

랭킹이나 성과, 평가등급 등을 기준으로 ETF를 찾고 싶다면 '영웅문S# → 해외주식 → ETF분석 → ETF이지검색' 경로로 들어가 확인한다.

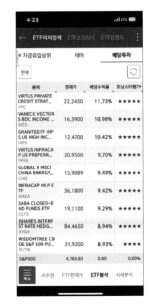

ETF의 기술적 매수·매도법

ETF를 거래하는 방법은 일반 주식과 동일하며 양도소득세와 거래 수수료도 동일하게 적용된다. 다만, 개별종목 주식에 비해 장기적으로 보유할 것을 권한다.

그럼에도 불구하고 매도해야겠다면 현재 추세가 강세인지 약세인지를 확인하고, 어느 정도는 기술적 분석을 활용해 매도하라고 조언하겠다. 그런데 기술적 분석은 개개인마다 기준과 분석방법이 달라 한정된 지면에서 설명하기가 쉽지 않다. 필자도 기술적 분석에만 의지하는 매매는 권하지 않으니 유용한 관련 사이트를 하나 소개한다.

바차트(Barchart)라는 사이트인데 기술적으로 추세가 강한 ETF, 즉 '주가가 우상향 중인 ETF'를 찾아준다. 'Top 1% Signal Strength'라는 섹션에서 매일 우상향 추세가 강한 ETF를 확인하여 매매에 활용하기 바란다.

| Top 1% 강세신호 ETF |

Top 1% Signal Strength

Wed, Jan 10th, 2024 Help ⑦

| Intraday ▼ | Main View ▼ | | | | | ▼ screen | ⊞ tutorial | ∿ flipcharts | ⬇ download |

Latest price quotes as of Thu, Jan 11th, 2024. Lists ETFs with the highest current Signals Strength (indication of how strong the Buy or Sell signal is).
Last Updated: 01/10/2024 19:42 ET

Bullish Trends

Symbol▲	Name	Last	Change	%Chg	Opinion	Previous	Last Week	Last Month	Links
✚ AFIF	Anfield Universal Fixed Income ETF	9.06	+0.03	+0.33%	100% Buy	100% Buy	100% Buy	100% Buy	ⅰ
✚ BKUI	BNY Mellon Ultra-Short Income ETF	49.52	+0.02	+0.03%	100% Buy	100% Buy	100% Buy	100% Buy	ⅰ
✚ BOXX	Ea Architect 1-3 Month Box ETF	105.24	-0.01	-0.01%	100% Buy	100% Buy	100% Buy	100% Buy	ⅰ
✚ BSCO	Bs 2024 Corp Bond Invesco ETF	20.90	-0.01	-0.05%	100% Buy	100% Buy	100% Buy	100% Buy	ⅰ
✚ CIBR	Nasdaq Cybersecurity ETF	54.14	+0.82	+1.54%	100% Buy	100% Buy	80% Buy	100% Buy	ⅰ
✚ DAPR	FT U.S. Equity Deep Buffer ETF April	32.47	+0.04	+0.12%	100% Buy	100% Buy	100% Buy	100% Buy	ⅰ
✚ EPI	Wisdomtree India Earnings Fund	41.36	+0.20	+0.49%	100% Buy	100% Buy	100% Buy	100% Buy	ⅰ
✚ FDMO	Fidelity Momentum Factor ETF	53.19	+0.45	+0.86%	100% Buy	100% Buy	80% Buy	88% Buy	ⅰ

출처: 바차트

독자들이 ETF 매매를 쉽게 시작할 수 있도록 주요 ETF를 간단히 소개한다. 먼저 주요 지수를 추종하는 ETF다. 해당 ETF를 숙지해두면 투자에 상당한 도움이 된다.

| 주요 지수 추종 ETF |

지수	심볼	종목명	특징
S&P500	IVV	iShares Core S&P500 ETF	
	SPY	SPDR S&P500 ETF Trust	
	VOO	Vanguard S&P500 ETF	
NASDAQ	QQQ	Invesco QQQ Trust	
DOW	DIA	SPDR DJIA ETF Trust	
Russell 1000	IWB	iShares Russell 1000	시가총액순 1~1,000
	VONE	Vanguard Russell 1000	
Russell 2000	IWM	iShares Russell 2000	시가총액순 1,001~3,000
	VTWO	Vanguard Russell 2000	
Russell 3000	IWV	iShares Russell 3000	시가총액순 1~3,000

다음은 국가별 지수를 추종하는 ETF다.

| 국가별 지수 추종 ETF |

국가	심볼	종목명
한국	EWY	iShares MSCI South Korea Capped ETF
독일	EWG	iShares MSCI Germany ETF
스페인	EWP	iShares MSCI Spain Capped ETF
영국	EWU	iShares MSCI United Kingdom ETF
이탈리아	EWI	iShares MSCI Italy Capped ETF
프랑스	EWQ	iShares MSCI France ETF
그리스	GREK	Global × MSCI Greece ETF
네덜란드	EWN	iShares MSCI Netherlands ETF
캐나다	EWC	iShares MSCI Canada ETF
멕시코	EWW	iShares MSCI Mexico Capped ETF
남아프리카공화국	EZA	iShares MSCI South Africa ETF

페루	EPU	iShares MSCI Peru ETF
오스트리아	EWO	iShares MSCI Austria Capped ETF
칠레	ECH	iShares MSCI Chile Capped ETF
폴란드	EPOL	iShares MSCI Poland ETF
벨기에	EWK	iShares MSCI Belgium Capped ETF
아일랜드	EIRL	iShares MSCI Ireland ETF
스웨덴	EWD	iShares MSCI Sweden ETF
노르웨이	NORW	Global × MSCI Norway ETF
콜롬비아	GXG	Global × MSCI Colombia ETF
스위스	EWL	iShares MSCI Switzerland ETF
브라질	EWZ	iShares MSCI Brazil Capped ETF
일본	EWJ	iShares MSCI Japan ETF
중국	MCHI	iShares MSCI China ETF
홍콩	EWH	iShares MSCI Hong Kong ETF
인도	INDA	iShares MSCI India ETF
호주	EWA	iShares MSCI Australia ETF
필리핀	EPHE	iShares MSCI Philippines ETF
인도네시아	EIDO	iShares MSCI Indonesia ETF
이스라엘	EIS	iShares MSCI Israel ETF
덴마크	EDEN	iShares MSCI Denmark ETF
핀란드	EFNL	iShares MSCI Finland ETF
뉴질랜드	ENZL	iShares MSCI New Zealand ETF
노르웨이	ENOR	iShares MSCI Norway ETF
이머징마켓	EEM	iShares MSCI Emerging Markets ETF
브라질, 인도, 중국	BKF	iShares MSCI BIC ETF

ETF 추천종목 10선

1. SPDR S&P500 ETF Trust(SPY)

S&P500지수를 추종하는 금융지주회사 스테이트 스트리트(State Street Corp)의 대표 ETF 상품이다. 1993년 미국에서 최초로 상장된 ETF로도 유명하다. 미국의 대표적인 기업 500개로 구성되어 있는 지수를 추종하므로, 당대 최고 기업들을 대상으로 한 번에 투자하는 효과를 얻을 수 있다는 것이 최고의 장점이다.

| 구성종목(2024년 1월 5일 기준) |

심볼	기업명	비중
AAPL	Apple Inc	7.01%
MSFT	Microsoft Corp	6.96%
AMZN	Amazon.com Inc	3.44%
NVDA	NVIDIA Corp	3.05%
GOOGL	Alphabet Inc Class A	2.06%
META	Meta Platforms Inc Class A	1.96%
GOOG	Alphabet Inc Class C	1.75%
TSLA	Tesla Inc	1.71%
BRK-B	Berkshire Hathaway Inc Class B	1.62%
JPM	JPMorgan Chase & Co	1.22%

 알아두세요

스테이트 스트리트

금융지주회사로, 자회사인 스테이트 스트리트 뱅크 & 트러스트(State Street Bank & Trust Company)를 통해 기관투자가에게 다양한 금융 상품과 서비스를 제공한다. 회사는 두 가지 사업 부문을 통해 운영되는데, 투자 서비스 및 투자 관리이다. ESG 투자, 확정기여형 상품, 글로벌 신탁 솔루션 등 다양한 서비스와 솔루션을 제공한다.

2. Invesco QQQ Trust(QQQ)

뉴욕 NYSE 증시가 아니라 나스닥 증시에 상장되어 있는 최고의 기업 100개로 구성된 나스닥100지수를 추종한다. 금융과 에너지 섹터가 포함되지 않은 것이 특징으로 기술주와 바이오주의 비중이 상대적으로 크다.

| 구성종목(2024년 1월 5일 기준) |

심볼	기업명	비중
AAPL	Apple Inc	9.22%
MSFT	Microsoft Corp	8.60%
AMZN	Amazon.com Inc	4.83%
AVGO	Broadcom Inc	4.15%
META	Meta Platforms Inc Class A	3.85%
NVDA	NVIDIA Corp	3.77%
TSLA	Tesla Inc	3.68%
GOOGL	Alphabet Inc Class A	2.55%
GOOG	Alphabet Inc Class C	2.48%
COST	Costco Wholesale Corp	2.32%

3. Vanguard Mega Cap Growth(MGK)

 알아두세요

뱅가드

블랙록에 이어 세계에서 두 번째로 큰 투자회사이자 자산운용사이다.

일반적인 대형주의 범위를 넘는 초대형 주식 중에서도 성장을 계속 이어가고 있는 기업 100여 개로만 구성된 ETF로 뱅가드(Vanguard Group)가 운용한다. 과거의 매출과 이익뿐만 아니라 미래의 성장과 수익성 등 총 일곱 가지 기준 아래 엄격하게 종목을 구성하여 운용하는 것이 특징이다.

| 구성종목(2024년 1월 5일 기준) |

심볼	기업명	비중
AAPL	Apple Inc	15.10%
MSFT	Microsoft Corp	15.07%
AMZN	Amazon.com Inc	7.27%
NVDA	NVIDIA Corp	4.56%
GOOGL	Alphabet Inc Class A	4.21%
META	Meta Platforms Inc Class A	3.91%
GOOG	Alphabet Inc Class C	3.54%
TSLA	Tesla Inc	3.48%
LLY	Eli Lilly and Co	2.72%
V	Visa Inc Class A	2.22%

4. iShares ESG MSCI USA(ESGU)

앞으로는 투자를 결정하는 기준으로 일반적인 재무 분석만이 아니라 ESG, 즉 환경(Environment), 사회(Social), 지배구조(Governance)를 고려해야 한다는 움직임이 거세지고 있다. 블랙록은 2020년부터 모든 투자에서 ESG 요소를 비중 있게 다루겠다는 계획을 밝혀 밀레니얼 투자자들에게 많은 지지를 받고 있다. ESGU는 블랙록에서 운용하는 대표적인 ESG 관련 ETF로 대량무기, 화석에너지, 담배, 알코올 등의 기업군은 물론이고 사회적 책임과 기준을 다하지 못하는 기업들은 배제하고 ESG 평가를 높게 받는 기업들을 중심으로만 투자한다.

| 구성종목(2024년 1월 5일 기준) |

심볼	기업명	비중
AAPL	Apple Inc	6.91%
MSFT	Microsoft Corp	6.51%
AMZN	Amazon.com Inc	3.26%

NVDA	NVIDIA Corp	3.00%
GOOG	Alphabet Inc Class C	2.81%
META	Meta Platforms Inc Class A	1.71%
TSLA	Tesla Inc	1.68%
UNH	UnitedHealth Group Inc	1.30%
JPM	JPMorgan Chase & Co	1.17%
LLY	Eli Lilly and Co	1.16%

5. First Trust Dow Jones Internet Index(FDN)

인터넷을 기반으로 사업을 영위하는 미국 기업들로 구성된 다우존스를 추종하는 ETF다. 퍼스트 트러스트가 운용한다. 아마존, 페이스북, 구글 등 40여 개의 인터넷 대표 기업들로만 구성되어 있어서, 시가총액이 큰 관련 기업들의 주가 탄력성이 좋을 때 성과가 좋아지는 특징이 있다. 반면에 상대적으로 소수 종목으로만 구성되기 때문에 변동성이 큰 것이 단점으로 지적되기도 한다.

알아두세요

퍼스트 트러스트

(First Trust Advisors L.P.)

일리노이주 휘튼에 본사를 둔 미국 금융 서비스 회사로 주로 상장 지수펀드 상품 발행을 담당하고 있다.

| 구성종목(2024년 1월 5일 기준) |

심볼	기업명	비중
AMZN	Amazon.com Inc	9.32%
META	Meta Platforms Inc Class A	7.74%
GOOGL	Alphabet Inc Class A	5.31%
CRM	Salesforce Inc	5.05%
NFLX	Netflix Inc	4.73%
CSCO	Cisco Systems Inc	4.53%
GOOG	Alphabet Inc Class C	4.50%
SNOW	Snowflake Inc Ordinary Shares - Class A	3.12%
PYPL	PayPal Holdings Inc	3.11%
ANET	Arista Networks Inc	3.00%

6. Technology Select Sector SPDR Fund(XLK)

IT 업종의 70여 개 종목으로 구성된 섹터 ETF다. 스테이트 스트리트가 운용한다. 총 11개의 대분류 중에 IT 섹터의 성장성이 상대적으로 부각되기 때문에 성장성을 중시하는 투자자들에게 인기 있는 ETF 중 하나다.

| 구성종목(2024년 1월 5일 기준) |

심볼	기업명	비중
MSFT	Microsoft Corp	22.31%
AAPL	Apple Inc	21.84%
AVGO	Broadcom Inc	5.13%
NVDA	NVIDIA Corp	4.53%
ADBE	Adobe Inc	2.95%
CRM	Salesforce Inc	2.78%
AMD	Advanced Micro Devices Inc	2.58%
ACN	Accenture PLC Class A	2.39%
INTC	Intel Corp	2.30%
CSCO	Cisco Systems Inc	2.22%

7. Roundhill Generative AI & Technology ETF (CHAT)

CHAT은 생성형 AI(Generative AI) 및 관련 기술의 성장에 따른 혜택을 누릴 수 있는 전 세계 기업을 대상으로 한다. 생성형 인공지능은 생성적, 적대적 네트워크를 포함하는 딥러닝 기술로 사용자의 요청에 따라 독창적인 콘텐츠를 생성하는 AI 분야의 한 영역이다. 자격을 갖춘 기업은 매출의 50% 이상을 소프트웨어, 반도체, 클라우드 및 네트워크 인프라, 인터랙티브 미디어, 다양한 소비자 서비스 등 AI 및 기술 관련 산업에서 창출해야 한다. 서브 어드바이저는 독자적 방법으로 기업의 주제적 관련성을 평가하여 점수를 부여한다. 이 평가는 기업 문서 내에서 AI 관련 용어 언급을 찾아내는 키워드 분석과 기업의 예상 재무 성과에 대한 생성형 AI의 중요도를 기반으로 이루어진다. 포트폴리오는 시가총액, 유동성 제한, 전체 노출 점수에 기반해 선택된 25~50개의 주식을 포함한다. 이 ETF는 2023년 5월 18일에 상장되었다.

| 구성종목(2024년 1월 5일 기준) |

심볼	기업명	비중
MSFT	Microsoft Corp	7.60%
NVDA	NVIDIA Corp	7.47%
GOOGL	Alphabet Inc Class A	5.92%
ADBE	Adobe Inc	5.26%
AMD	Advanced Micro Devices Inc	4.64%
BIDU	Baidu Inc ADR	4.64%
META	Meta Platforms Inc Class A	4.28%
CRM	Salesforce Inc	4.12%
AMZN	Amazon.com Inc	3.62%
035420.KS	NAVER Corp	3.38%

8. VanEck Morningstar Wide Moat ETF(MOAT)

MOAT는 매력적인 가격과 지속 가능한 경쟁 우위(특허, 높은 전환비용 등)를 가진 주식에 집중된 포트폴리오를 보유하고 있다. 모닝스타의 주식 리서치팀은 모닝스타 미국시장지수에 포함된 기업에 경제 등급과 공정 가치 추정치를 부여하고 이를 기반으로 기업을 선택한다. 이 ETF는 단일 종목에 투자하는 것을 선호하며 섹터 편중이 심할 수 있는데, 포트폴리오의 절반은 6개월마다 동일한 가중치로 재구성하고 나머지 절반은

3개월 후에 동일한 가중치로 재구성하는 방식으로 운영한다. 시차를 두고 리밸런싱하며 동일 가중 지수를 따르는 것이다. MOAT는 또한 회전율과 섹터 노출을 제한하고 있어 때때로 40개 이상의 종목을 보유하기도 한다. 상장일은 2012년 4월 25일이다.

| 구성종목(2024년 1월 5일 기준) |

심볼	기업명	비중
ALLE	Allegion PLC	2.79%
MKTX	MarketAxess Holdings Inc	2.74%
EFX	Equifax Inc	2.72%
USB	U.S. Bancorp	2.72%
TER	Teradyne Inc	2.69%
KEYS	Keysight Technologies Inc	2.66%
ETSY	Etsy Inc	2.66%
CRM	Salesforce Inc	2.65%
SCHW	Charles Schwab Corp	2.65%
A	Agilent Technologies Inc	2.63%

9. iShares MSCI USA Quality Factor ETF(QUAL)

QUAL ETF는 GICS 내에서도 우량주를 발굴하기 위해 MSCI 유니버스에서 높은 ROE, 낮은 부채, 안정적인 수익 성장 등 질적 요소를 고려하여 종목을 선정한다. 이 ETF는 지수 변경에 따라 특정 섹터에 몰려 있는 편중을 줄이고 벤치마크와 더 유사하게 골고루 섹터 비중을 분산하는 것을 선호한다. 역사적으로 QUAL은 지수를 잘 추종해 왔다. 상장일은 2013년 7월 18일이다.

 알아두세요

GICS
[글로벌 산업 분류기준(Global Industry Classification Standard)의 약자]

1999년 MSCI 및 S&P가 개발한 산업 분류 체계이다. GICS는 11개의 부문, 24개의 산업 그룹, 69개의 산업 및 158개의 하위 산업으로 구성되어 있다.

MSCI 유니버스

MSCI(Morgan Stanley Capital International)가 분류하고 심층적인 분석을 하고 있는 종목들이다.

구성종목(2024년 1월 5일 기준)		
심볼	기업명	비중
V	Visa Inc Class A	4.72%
AAPL	Apple Inc	4.29%
MSFT	Microsoft Corp	4.25%
NVDA	NVIDIA Corp	4.19%
MA	Mastercard Inc Class A	4.10%
META	Meta Platforms Inc Class A	3.60%
AVGO	Broadcom Inc	3.59%
LLY	Eli Lilly and Co	3.18%
NKE	Nike Inc Class B	2.79%
COP	ConocoPhillips	2.43%

10. iShares Trust - iShares U.S. Medical Devices ETF(IHI)

의료기기를 제조 및 유통하는 미국 기업의 주식에 투자하는 ETF이다. 아이셰어즈에서 운용하고 있으며 미국주식으로 구성된 US 메디컬 디바이스 섹터(US Medical Device Sector) 지수를 따라간다. 보통 투자자들이 바이오나 제약 주식, 보험 회사 주식 등의 복잡한 내용을 어렵게 느낄 수 있는 반면, IHI는 대부분 병원에서 사용되는 의료 장비와 기기에 초점을 맞추고 있어, 헬스케어 분야에 관심 있는 투자자들이 보다 접근하기 쉽다.

 알아두세요 ─

아이셰어즈(iShares)
2009년 다국적 금융서비스기업 바클레이즈(Barclays)의 브랜드와 사업을 인수한 블랙록 산하의 ETF 대표 브랜드이다.

심볼	기업명	비중
ABT	Abbott Laboratories	17.65%
ISRG	Intuitive Surgical Inc	10.98%
MDT	Medtronic PLC	10.13%
SYK	Stryker Corp	5.45%
EW	Edwards Lifesciences Corp	4.60%
IDXX	IDEXX Laboratories Inc	4.46%
BSX	Boston Scientific Corp	4.42%
DXCM	DexCom Inc	4.41%
BDX	Becton Dickinson & Co	4.37%
GEHC	GE HealthCare Technologies Inc Common Stock	3.91%

미국주식 무작정 따라하기

매월
부자가 되는
배당의 기술

미국주식은
배당투자가 기본이다

배당이란 무엇인가?

회사에 흑자가 나서 이윤을 얻으면 이것을 사업에 재투자하거나 그 일부
를 주주에게 나누어줄 수 있는데, 이렇게 주주에게 이윤의 일부를 나누
어 주는 것이 배당이다. 현금을 지급하는 현금배당과 주식으로 지급하는
주식배당으로 나뉘며, 미국에는 배당주투자가 매우 보편화되어 있다.
배당은 영어로 '디비던드(dividend)'인데 '나누는 것'을 의미하는 라틴어
'디비던덤(dividendum)'에서 비롯되었다.
국내의 경우 배당시즌이라고 하여 특정시즌에만 배당하는 데다, 수익률
이 낮고 배당금 지급도 늦어서 배당투자가 크게 환영받지 못한다. 하지
만 미국 배당주투자는 차이점이 많다. 미국주식투자를 할 때 배당을 하
는 기업과 안 하는 기업의 수익률 차이는 어마어마하다. 따라서 지속적
이고 안정적으로 수익을 추구하고 싶다면 지금이라도 배당을 주는 주식
에 관심을 가져야 한다.

배당 유무에 따라 5배 차이 나는 수익률

다음 그래프를 보면 배당주투자의 필요성을 더욱 확실히 알 수 있다. 최초 투자금이 1만 달러였고 1960년부터 2020년까지 무려 60년 동안 배당을 주는 기업에 투자했다고 가정해보자. 그동안 받은 배당금을 복리로 불렸다면 총액은 3,845,730달러가 되지만, 배당이 없는 기업에 투자했다면 총액은 627,161달러에 그친다. 그 차이가 6배에 달함을 알 수 있다.

| 배당과 복리의 힘 |

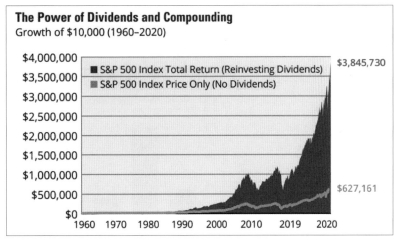

출처: 하트포드 펀드(Hartford Funds)

"아니, 고작 얼마 안 되는 배당으로 그렇게 큰 수익을 거둘 수 있다고?"라며 의문을 제기하는 사람이 있을지도 모른다. 이런 차이가 가능한 이유는 시장이 하락하든 상승하든 상관없이 마치 예금 이자처럼 지급하겠다는 기업의 약속이 바로 배당이기 때문이다.

예를 들어 시장의 침체기간이 길어져서 매매차익이 없다면 배당 외에는 수익이 없게 되므로, 배당이 없는 기업에 투자한 투자자는 지수가 회복될 때까지 상당한 기간을 아무런 수익 없이 기다려야 한다.

과거 미국의 역사를 보면 2000년 닷컴버블 당시 지수가 회복되는 데 걸린 기간이 4.6년, 그리고 금융위기 기간에 지수가 회복되는 데 걸린 기간이 4.1년이었다. 회복 기간이 경기침체 기간 평균인 2년보다 더 걸린다는 것을 감안하면 결코 짧은 시간이 아니라는 것을 알 수 있다(파란 막대는 S&P500지수의 전체 수익률 중 배당기여도, 회색 막대는 S&P500지수의 배당 제외 수익률이다.).

10년 단위로 잘라서 배당수익의 기여도를 살펴보면 이런 사실은 더욱 확실해진다. 보통 배당수익 기여도가 적게는 16%에서 많게는 73%로 대단히 높은 것을 알 수 있고, 특히 1930년부터 2020년까지는 배당수익 기여도가 무려 41%로 거의 절반을 차지한다.

| 배당수익 기여도 |

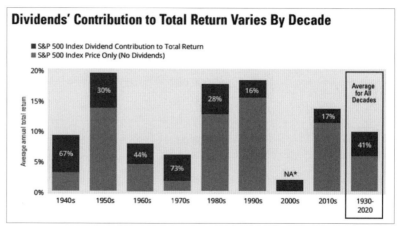

출처: 하트포드 펀드

이는 2020년 2월 코로나19가 터지면서 3월 23일까지 지수가 34%나 급락하는 동안 배당 외에는 돈을 벌 수 없었기 때문이다. 이 기간에는 수익에서 배당의 기여도가 100%였을 것이다. 이와 같은 이유로 S&P500지수 내에서 배당을 지급하는 회사 비중은 늘 80% 수준을 유지한다.

그럼 이제부터 미국주식에서 배당주의 특징을 알아보자.

미국주식 배당주의 특징

1. 배당지급주기는 월, 분기, 반기, 1년, 특별배당 등으로 다양하다. 분기 (1년에 4번)배당이 가장 일반적이다.

2. 배당금은 보통 1개월 내에 지급하는데 빠르면 10일 안에 지급하고 늦어도 2개월 내에는 지급한다.

3. 국내에서 투자할 경우 시차문제로 인해 현지 지급일에서 1주일 내로 시간이 더 소요된다.

4. 주식배당을 선택했는데 통장에 예수금이 없다면, 15.4%의 배당세를 뗄 때 거래증권사에서 소액의 예수금을 입금하라는 전화가 올 수 있다.

5. 배당투자 시, 언제까지 주식을 보유하면 배당을 받을 수 있느냐가 관건인데, 'Ex-Dividend Date'라는 용어만 기억하면 된다. 이는 '배당락일'이라는 뜻으로 배당락일 전일까지만 주식을 매수하면 배당을 받을 수 있다. 만약 12월 2일이 배당락일일 때 12월 1일 장마감 전까지만 해당 주식을 매수하면 배당을 받을 수 있는 것이다.

6. 분기배당의 경우 배당락의 영향이 극히 미미하거나 없는 경우가 많다.

7. 배당세는 양도세와 별도로 원천징수되고 나머지 배당금이 계좌에 입금된다. 일반적인 배당세는 15.4%이며, Limited Partners, 즉 LP로 불리는 합자회사는 39.6%의 높은 배당세를 적용받는다. 그 이유는 LP의 경

잠깐만요

배당락이란?

어떤 주식의 배당기준일이 지나 배당금을 받을 권리가 없어지는 일을 가리킨다. 주주 입장에서는 배당을 받는 것이 이득이지만, 기업 입장에서는 주주들에게 배당하고 나면 그 직후에는 기업이 보유한 현금이 그만큼 줄어들게 된다. 기업의 자산이 배당만큼 감소하면 당연히 주가도 떨어지게 마련이다. 그래서 배당락일에는 주가가 소폭 하락하기도 한다. 배당락은 배당을 현금 대신 주식으로 하는 경우를 지칭하기도 하며, 이 경우 전체 주식 수가 늘어나는 만큼 1주당 가격이 인위적으로 낮아지게 된다.

우 법인세 혜택이 커 형평성 차원에서 배당세가 더 많이 부과되기 때문이다. 투자하고자 하는 회사의 이름 끝에 다음과 같이 LP가 붙어있다면 이와 같은 사실을 염두에 두어 손해를 보는 일이 없기 바란다.

- Genesis Energy, L.P.
- NuStar Energy L.P.

배당 관련 기초용어

- **Ex-Dividend Date(배당락일)**: 다시 말하지만, 배당락일 하루 전에 주식을 매수하면 누구나 배당을 받을 수 있다.
- **Payment Date(배당지급일)**: 미 현지 기준이며 국내에서는 시차문제로 며칠 더 소요된다.
- **Record Date(배당기준일)**: 주주명부 등재일이라고도 하며 보통 배당락일 다음 날이다. 배당기준일 이틀 전에 매수하면 배당을 받을 수 있다. 중요하지 않으니 의미만 알면 된다.
- **Dividend Yield(연배당수익률)**: 배당금÷주가, 배당금이 동일한 상황에서 주가가 과도하게 하락하면 배당수익률이 커 보일 수 있다. 이것은 일종의 착시현상으로 배당수익률이 크다고 해서 무조건 특정 주식을 선호해서는 안 된다. 배당수익률보다는 배당금 자체가 더욱 중요하다. 반대로 주가가 꾸준하게 상승하는 기업의 경우, 배당금을 지속적으로 인상하는데도 생각보다 배당수익률이 크게 증가하지 않는 이유도 같은 맥락으로 보면 된다.

무작정 따라하기

배당락일 확인하는 법

① 나스닥(www.nasdaq.com/market-activity/dividends) 공식 사이트에 접속한다.

② ❶은 이용자가 조회하는 날짜의 최근 배당일정을 보여준다. ❷는 특정 일자의 배당일 정을 조회할 수 있다. ❸은 아래에 의미를 정리헤두었다.

- Symbol: 심볼
- Name: 기업명
- Ex-Dividend Date: 배당락일
- Payment Date: 미현지 배당금 지급일
- Record Date: 배당기준일
- Dividend: 배당금
- Indicated Annual Dividend: 연간 배당금
- Announcement Date: 배당일정 발표일

Dividend Calendar

Enter Symbol

❶
FRI, JAN 26　MON, JAN 29　TUE, JAN 30　WED, JAN 31　THU, FEB 01　FRI, FEB 02　MON, FEB 05

1 - 22 OF 22 RESULTS　　　　　　　❷ SELECT DATE

❸

Symbol ▲	Name	Ex-Dividend Date	Payment Date	Record Date	Dividend	Indicated Annual Dividend	Announcement Date
APOG	Apogee Enterprises, Inc. Common Stock	1/29/2024	2/14/2024	1/30/2024	0.25	0.96	1/10/2024
AZZ	AZZ Inc.	1/29/2024	2/07/2024	1/30/2024	0.17	0.68	1/18/2024
BMYMP	Bristol-Myers Squibb Co. 4% PRF PERPETUAL USD 50	1/29/2024	3/01/2024	1/30/2024	0.5	2	12/06/2023
CAG	ConAgra Brands, Inc. Common Stock	1/29/2024	2/29/2024	1/30/2024	0.35	1.4	12/14/2023
CRS	Carpenter Technology Corporation Common Stock	1/29/2024	3/07/2024	1/30/2024	0.2	0.8	1/18/2024
EXCH	Exchange Bankshares Inc.	1/29/2024	2/02/2024	1/30/2024	0.36	1.44	1/18/2024
FABP	Farmers Bancorp	1/29/2024	2/15/2024	1/30/2024	0.36	1.44	1/16/2024
FLDR	Fidelity Low Duration Bond Factor ETF	1/29/2024	2/01/2024	1/30/2024	0.233	2.632	1/26/2024
FPFD	Fidelity Preferred Securities & Income ETF	1/29/2024	2/01/2024	1/30/2024	0.075	1.06	1/26/2024
HCRB	Hartford Core Bond ETF	1/29/2024	2/01/2024	1/30/2024	0.112985	1.1934	1/26/2024

③ 실제 특정 종목으로 연습해보자. 참고로 앞 이미지에서 오른쪽 상단의 Enter Symbol 칸은 실제 화면에 보이는 종목 중에서 검색할 때 이용하는 것이다. 화면에 ABBV가 리스트에 있어야 검색이 된다는 뜻이다. 화면에 없는 종목으로 연습을 해보겠다. 먼저 상단의 Find a Symbol 검색창에 AAPL로 검색을 해보자. 아래와 같이 애플에 대한 전체 정보를 보여준다. 왼쪽 메뉴 중에서 Dividend History를 클릭하면 배당화면으로 넘어간다.

④ 다음 배당화면을 보고 배당정보를 확인할 수 있다. 다시 용어를 정리하면 다음과 같다.

- Ex-Dividend Date: 배당락일
- Dividend Yield: 배당수익률(배당금/주가)
- Annual Dividend: 연간 배당금
- P/E Ratio: 주가수익비율
- Ex/EFF Date: 배당락일
- Type: 지급 형태(주식 또는 현금)
- Cash Amount: 배당금
- Declaration Date: 배당일정 발표날짜
- Record Date: 배당기준일
- Payment Date: 미 현지 배당금 지급일

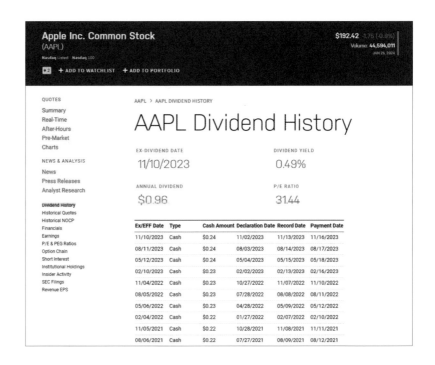

Apple Inc. Common Stock
(AAPL)

Nasdaq Listed   Nasdaq 100

$192.42 -1.75 (-0.9%)
Volume: 44,594,011
JAN 26, 2024

+ ADD TO WATCHLIST   + ADD TO PORTFOLIO

QUOTES
Summary
Real-Time
After-Hours
Pre-Market
Charts

NEWS & ANALYSIS
News
Press Releases
Analyst Research

Dividend History
Historical Quotes
Historical NOCP
Financials
Earnings
P/E & PEG Ratios
Option Chain
Short Interest
Institutional Holdings
Insider Activity
SEC Filings
Revenue EPS

AAPL > AAPL DIVIDEND HISTORY

AAPL Dividend History

EX-DIVIDEND DATE
11/10/2023

DIVIDEND YIELD
0.49%

ANNUAL DIVIDEND
$0.96

P/E RATIO
31.44

Ex/EFF Date	Type	Cash Amount	Declaration Date	Record Date	Payment Date
11/10/2023	Cash	$0.24	11/02/2023	11/13/2023	11/16/2023
08/11/2023	Cash	$0.24	08/03/2023	08/14/2023	08/17/2023
05/12/2023	Cash	$0.24	05/04/2023	05/15/2023	05/18/2023
02/10/2023	Cash	$0.23	02/02/2023	02/13/2023	02/16/2023
11/04/2022	Cash	$0.23	10/27/2022	11/07/2022	11/10/2022
08/05/2022	Cash	$0.23	07/28/2022	08/08/2022	08/11/2022
05/06/2022	Cash	$0.23	04/28/2022	05/09/2022	05/12/2022
02/04/2022	Cash	$0.22	01/27/2022	02/07/2022	02/10/2022
11/05/2021	Cash	$0.22	10/28/2021	11/08/2021	11/11/2021
08/06/2021	Cash	$0.22	07/27/2021	08/09/2021	08/12/2021

키움증권 영웅문S#에서도 배당에 대한 정보를 얻을 수 있다. 모바일 영웅문S#에 접속해서 '해외주식 → 현재가 → 배당' 경로로 들어가 확인할 수 있다.

좋은 배당주 찾는 법

누구든지 좋은 배당주를 찾고 싶어 할 것이다. 어떤 기업이 좋은 배당주일까? 딱 세 가지만 보면 된다.

1. 실적이 꾸준하게 증가하는 기업인가?

배당을 지급하는 기업의 경우 실적이 꾸준하게 증가하면 배당지급의 연속성이 생기고, 배당을 인상하는 경우도 있기 때문에 실적을 반드시 확인해야 한다.

2. 실적과 함께 배당금을 꾸준하게 인상하는 기업인가?

실적이 좋아지는 만큼 배당금을 인상하는 주주 친화적인 기업에 투자하면 주가 차익과 배당수익을 동시에 가져갈 수 있다. 이때 배당수익률이 아니라, 배당금 자체를 인상해야 한다는 점을 기억하자.

3. 배당성향이 적정하거나 낮은 기업인가?

미국 배당주식의 평균 배당성향은 30~40%로, 그 정도 수준이거나 더 낮은 기업에 투자하면 추후 배당이 인상될 가능성이 높다고 판단할 수 있다.

무조건 배당성향이 높아야 좋다고 하는 사람도 있으나, 이익 대비 배당이 무리하게 높으면 기업의 재무 건전성을 해칠 가능성이 크므로 투자에 유의해야 한다.

예를 들어 ABC회사의 주당순이익이 1달러이고 주당배당금을 0.3달러 지급한다고 가정해보자. 이 시나리오에서 배당성향은 30(0.3/1)이 된다. XYZ회사의 주당순이익이 2달러이고 주당배당금이 1.50달러라고 가정해보자. 이 경우 배당성향은 75(1.5/2)이다. 여기서 ABC회사는 수익의 더 적은 비율을 주주에게 배당금으로 지급하므로 투자자들은 만족하지 못할 수 있고, XYZ회사를 더 선호할 수 있으나 장기적인 측면에서는 배당성향이 높은 XYZ회사보다 배당성향이 낮은 ABC회사가 더 지속 가능한 배당정책을 추구한다고 볼 수 있다. 통계적으로 배당성향이 높으면 배당 삭감의 위험이 있고, 배당성향이 낮거나 적절하면 인상이라는 호재 가능성이 있다고 보기 때문이다. 따라서 배당성향이 30인 ABC회사의 배당인상 가능성이 XYZ회사보다 더 높다.

배당성향은 기업의 배당금 지급 프로그램의 지속 가능성과 인상 가능성을 판단하는 데 중요한 지표이니 꼭 살펴봐야 한다.

모바일 키움증권 영웅문S#에서 배당 내용을 확인하여 적합한 배당종목을 찾아볼 수 있다. '해외주식 → 현재가 → 배당' 경로로 들어가 확인하면 된다.

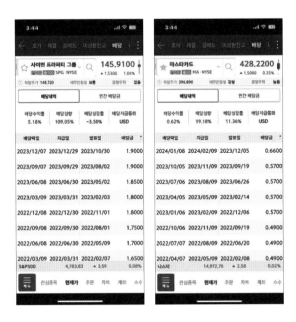

미국주식 무작정 따라하기

배당투자에서
기억해야 할 사항들

남의 떡은 커보이는 법, 하지만 탐하지 마라

안정적인 수익이 발생하는 배당주가 진짜 좋은 주식이다. 예를 들면 코
카콜라, 월마트, 맥도널드와 같은 주식들이 여기에 해당한다.

그러나 많은 사람들이 안정적인 배당에 매력을 느껴서 배당주투자를 시
작하지만, 막상 시작하고 나서는 성장주와 수익률을 비교하면서 상대적
인 박탈감을 느끼는 경우가 있다. 다시 강조하지만 성장에 큰 비중을 두
는 기업은 배당금이 많아야 연 2~3%인 대신 주가의 상승이 확연하고,
성장이 멈춘 배당주의 경우는 배당금이 연 4~5% 이상인 반면 주가의
상승률은 성장주 대비 그리 크지 않다.

잠깐만요

리츠(REITs)란?

Real Estate Investment Trusts의 약자로 부동산 투자 신탁이라고 한다. 소득을 창출하
는 부동산을 소유하고 대부분의 경우 운영도 하는 회사로 사무실 및 아파트 건물에서 창
고, 병원, 쇼핑센터, 호텔 및 상업용 산림에 이르는 다양한 유형의 상업용 부동산을 소유한
다. 일부 리츠는 부동산 금융에도 관여한다. 규정상 기업이 벌어들인 수익의 90%를 배당
으로 지급한다.

주가도 상승하고 배당도 많이 받고 싶은 것은 투자자의 욕심이지, 그런 경우는 결코 흔하지 않다. 주가의 수익률을 추구할 것인지, 배당을 추구할 것인지 결정하고 투자에 임하라고 조언하고 싶다. 다음 그래프가 그 근거다.

배당이 없든, 혹은 작든지 크든지 간에 배당을 포함한 전체 수익률은 과거 90년 동안 11~12%대의 수익률을 보인 반면, 배당수익률이 낮은 경우 주가의 수익률(B)은 8.97%로 중간 배당수익률과 높은 배당수익률을 보인 기업들의 주가 수익률보다 높았음을 알 수 있다.

모든 경우에 그런 것은 아니지만, 결국 주가의 수익률은 배당수익률과는 역의 관계에 있다고 보면 된다(오히려 금융위기 때처럼 수년간 주가가 하락할 때는 성장이 없는 배당주투자의 수익률이 훨씬 좋았다는 것을 기억하자).

| 배당수익률과 전체 수익률의 관계(1927~2016년) |

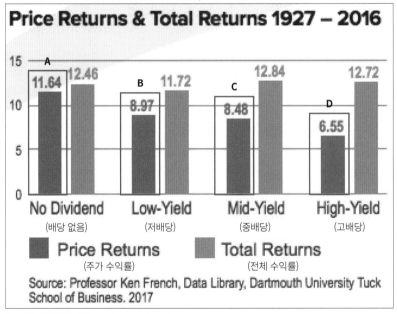

출처: 메사 파이낸셜 그룹(Mesa Financial Group)

받은 배당금은 재투자해라

미국에서는 낮은 은행 금리를 대신해서 배당금을 재투자해 이익을 극대화하는 투자 방법이 널리 이용되고 있다. 여기서 배당 재투자란 배당주에 투자해서 받은 배당금으로 다시 그 배당주를 매수하는 것을 반복하는 것으로, 흔히 말하는 복리라는 개념이 여기서 사용된다. 결국 받은 배당금을 우스갯소리로 소고기 사먹는 데 쓰지 말고, 모아서 배당을 준 해당 주식을 더 매수하는 데 쓰라는 뜻이다.

배당금을 연 3% 지급하는 기업에 투자했다고 가정하고, 재투자 없는 단순 투자와 재투자의 차이를 다음 표와 같이 직접 계산해보자.

알아두세요

복리(Compound)

이자에 대한 이자를 추가하는 것을 말한다. 이는 이자를 지급하는 대신 이자를 재투자한 결과로, 원금과 이전에 누적된 이자에 대해 다음 기간의 이자가 쌓인다. 여기서 이자라는 단어를 배당으로 바꾸면 배당재투자의 의미가 된다.

| 배당 재투자 여부에 따른 수익률 차이 |

Year	Without Reinvestment		With Reinvestment	
	3% Dividend	Position Value	3% Dividend	Position Value
1	$300	$10,000	$300	$10,000
2	$315	$10,500	$324	$10,815
3	$331	$11,025	$351	$11,696
4	$347	$11,576	$379	$12,650
5	$365	$12,155	$410	$13,681
6	$383	$12,763	$444	$14,796
7	$402	$13,401	$480	$16,001
8	$422	$14,071	$519	$17,306
9	$443	$14,775	$561	$18,716
10	$465	$15,513	$607	$20,241
11	$489	$16,289	$657	$21,891
12	$513	$17,103	$710	$23,675
13	$539	$17,959	$768	$25,605
14	$566	$18,856	$831	$27,691
15	$594	$19,799	$898	$29,948
16	$624	$20,789	$972	$32,389
17	$655	$21,829	$1,051	$35,029
18	$688	$22,920	$1,137	$37,884
19	$722	$24,066	$1,229	$40,971
20	$758	$25,270	$1,329	$44,310
21	$796	$26,533	$1,438	$47,922
22	$836	$27,860	$1,555	$51,827
23	$878	$29,253	$1,682	$56,051
24	$921	$30,715	$1,819	$60,619
25	$968	$32,251	$1,967	$65,560
26	$1,016	$33,864	$2,127	$70,903
27	$1,067	$35,557	$2,300	$76,681
28	$1,120	$37,335	$2,488	$82,931
29	$1,176	$39,201	$2,691	$89,690
30	$1,235	$41,161	$2,910	$96,999

출처: 넥스트레벨 파이낸스(2020.6.4.)

표에서 보듯이 30년 후 그 가치는 두 배 이상으로 벌어진다. 이것을 그래프로 그리면 다음과 같이 더욱 명확해진다.

| 배당 재투자 30년 후 |

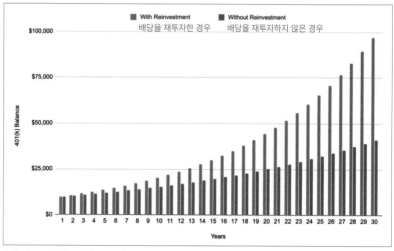

출처: 넥스트레벨 파이낸스(2020.6.4.)

이를 기반으로 매월 복리투자, 즉 배당 재투자를 하면 어떨까?

잠깐 복리를 가장 빠르게 계산하는 팁을 알아보자. 바로 널리 알려진 복리 계산법인 '72의 법칙'이다. 원하는 금리를 먼저 정하고 원금을 두 배로 키우는 데 소요되는 시간을 계산하는 방법으로, 72를 이율로 나누면 되는 간단한 방법이니 바로 실행에 옮겨보자.

먼저 연 1%의 이율로 수익을 두 배 올리는 데 소요되는 시간을 계산하면 72÷1로 72년이 걸린다. 연 2%의 경우에는 72÷2=32, 즉 32년이 걸려야 두 배의 수익을 올릴 수 있다.

이런 식으로 계산하면 복리로 두 배의 수익을 올리는 데 걸리는 시간을 가장 빠르고 편하게 계산할 수 있으니 꼭 기억해 두자.

여기서 연으로 계산하면 연, 분기로 계산하면 분기, 월로 계산하면 월로 모두 계산이 가능하다는 것도 알아두자. 예를 들어 매월 1%의 복리로 투자한다면 72÷1=72, 즉 72라는 숫자가 나오는데, 이를 월복리로 따져

72를 12개월로 나누면 6년이라는 계산이 나온다.

72의 법칙

$$\frac{72}{금리} = 원금이\ 2배가\ 되는\ 데\ 걸리는\ 시간$$

앞서 추천한 대로 이렇듯 매월 복리로 투자하면 정말 빠르게 투자금을 불릴 수 있다.

여기서 중요한 사실은 배당으로 큰 수익을 거두는 것과 별개로 주식은 그대로 남아있다는 사실이다. 즉, 배당금만으로 수익을 낸 것이다.

세금을 무시하지 마라

배당과 관련한 세금을 정리하면 일반종목에는 배당세 15.4%, LP종목에는 배당세 39.6%로 다른 세율이 적용된다. 받은 배당금에서 원천징수로 배당세를 떼고 난 나머지가 내 계좌로 입금된다는 것을 기억하자.

결국 앞서도 언급했듯이, LP종목을 매매할 때는 상당한 세금이 있다는 점을 반드시 기억하고 투자에 임하라고 조언하고 싶다. 배당투자는 '티끌 모아 태산'과 같은 개념이라서 각종 비용이나 세금이 수익률에 미치는 영향이 큰 만큼 꼼꼼하게 따지는 습관이 필요하다.

배당성향을 늘 확인해라

배당성향 = 주당 배당금(DPS)÷주당 이익(EPS)

미국주식시장 평균 배당성향은 30~40%로, 이것은 미국의 일반적인 기업들이 수익을 내면 그중에서 30~40%가량을 배당으로 지급한다는 뜻이다. 하지만 앞서 언급한 사이먼프로퍼티처럼 약속한 배당금을 지급하기 위해 수익이 감소해도 정해진 대로 배당금을 지급하는 경우가 있다.

예를 들어 주당배당금을 5달러 지급하는 기업의 주당순이익이 15달러일 때 배당성향은 30%로 평균 수준이다. 그런데 수익이 줄어서 주당순이익이 10달러로 줄면 배당성향은 50%, 수익이 더 줄어 주당순이익이 5달러로 줄면 배당성향은 100%가 된다.

이럴 경우 회사의 현금을 모두 배당으로 지급하는 상황이 되어 회사 경영에 무리가 올 수 있다. 그렇다면 배당을 삭감하면 되지 않느냐고 생각할 수 있는데, 미국주식시장에서 배당삭감은 상당한 악재로 주가에 큰 영향을 미치기 때문에 쉽게 결정할 수 있는 사안이 아니다.

배당수익률보다 배당금이 우선이다

어찌 보면 너무 당연한 이야기다. 배당수익률의 계산방법은 '주당배당금÷주가'로, 주가가 내려가면 당연히 배당수익률이 커진다.

실제 배당금이 증가하지 않더라도 주가하락이 동반되면 배당수익률 상승이 가능하기 때문에 좋은 배당주로 오해하기 쉽다. 그러나 정말 중요한 것은 배당금 자체라는 점을 꼭 기억하기 바란다.

적지만 배당금을 꾸준하게 인상하는 회사에 주목해라

좋은 배당주는 단 1센트라도 주기적으로 배당을 인상한다. 배당금을 꾸준하게 인상한다는 것 자체가 이미 회사의 실적이 개선되고 있다는 증거이므로, 이런 기업의 주식에 투자하면 실적이 좋은 우량한 기업에 투자하는 효과를 누릴 수 있다.

다음 그래프는 애플의 주당순이익(EPS)과 주당배당금(DPS) 추이를 보여준다. 배당금을 인상하는 기업이 실적이 좋은 기업이라는 것을 증명하는 좋은 사례다.

| 애플의 주당순이익과 주당배당금 추이 |

출처: 디비던스 디버시파이(Dividends Diversify)

특별배당금을 챙겨라

정해진 배당이 있는 기업에 일시적인 이익이 추가로 발생하면 예정에 없던 배당을 추가로 지급하는데, 이것을 특별배당금(Special Dividend)이라고 한다. 시기가 따로 정해져 있지 않기 때문에 수시로 검색해서 이런 기업을 찾아야 한다. 구글에 수시로 Special Dividend를 검색하자.

배당주식도 포트폴리오로 관리해라

배당투자를 할 때도 한 업종의 종목에 집중투자하지 말고, 다양한 국가와 지역 및 업종으로 포트폴리오를 구성해서 분산투자하는 것이 바람직하다.

배당 포트폴리오를 구성하기 전에 미리 알아야 할 사항

1. 배당일정은 보통 배당락일 2개월 전에 정해진다. 즉, 현재 7월이라고 하면 9월까지 배당일정이 정해진다는 뜻이다.

2. 배당일정을 보면서 매월 배당을 받도록 포트폴리오를 구성할지, 분기마다 배당을 받도록 포트폴리오를 구성할지 먼저 정한다.

3. 배당 포트폴리오 역시 업종별로 분산해야 하므로 10종목 이상으로 구성하는 것이 바람직하다.

4. 배당 포트폴리오를 구성할 때는 나스닥(www.nasdaq.com/market-activity/dividends) 사이트를 이용한다.

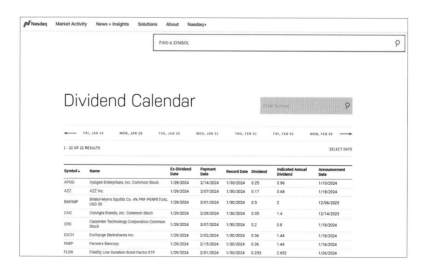

배당 재투자하는 법

매월 배당을 지급하는 종목이나 ETF로 배당 재투자하는 법을 알아보자. 일단 설명하기 편하게 ETF를 예로 들어 설명하겠다.

① 구글 사이드에서 'Monthly Dividend ETF'를 검색힌디.

② 검색된 다양한 배당 ETF 중에서 비교적 주가가 싼 ETF를 고른다. 20달러 이하면 아주 이상적이다(배당금은 오랫동안 모아야 하므로 주가가 높으면 적절하지 않다. 그리고 장기적인 관점에서 개별종목보다 ETF가 안전하다. 다시 한번 강조하지만 주가 상승에 대한 생각은 잠시 내려놓고 배당만 보자.).

③ 고른 ETF를 매수할 때는 매월 들어오는 배당금으로 한 주 이상 매수할 것을 미리 계산해서 ETF에 얼마를 투자할지 결정한다.
예를 들어 월 1%의 배당금이 들어오는 A라는 ETF가 있고 현재 주가가 20달러라고 가정해보자. 월 배당금으로 한 주 이상 매수하려면 2,000달러 이상의 자금으로 A라는 ETF를 매수해야 한다. 매매비용과 세금을 감안하면 넉넉하게 약 2,400달러 정도를 책정한다. 그러면 배당일에 약속대로 투자금의 1%인 24달러가 배당으로 입금되고, 여기서 증권사가 배당세 15.4%를 뗀 나머지 20.304달러를 입금해 준다.

④ 이 돈으로 해당 A라는 ETF를 한 주 더 매수한다.

유망 배당주 리스트

배당성취주란?

Dividend Achiever는 우리말로는 다소 어색하지만 '배당성취(달성)주'로
불린다. 10년 연속 배당을 인상한 회사로 뉴욕증권거래소, 나스닥거래
소에 상장되어야 하며 최소한 유동성을 확보한 기업이어야 한다. 여기
서는 20개의 기업만 알아보자.

| 배당성취주 리스트 |

심볼	기업명	배당인상년수	배당수익률
JPM	JPMorgan Chase & Co	14	2.31%
MSFT	Microsoft Corp	19	0.81%
JNJ	Johnson & Johnson	62	2.98%
WMT	Walmart Inc	49	1.55%
UNH	UnitedHealth Group Inc	14	1.92%
V	Visa Inc	15	0.69%
HD	Home Depot Inc	15	2.84%
PG	Procter & Gamble Co	64	2.36%
CMCSA	Comcast Corp	17	2.72%
KO	Coca-Cola Co	62	3.03%
ABT	Abbott Laboratories	51	1.72%
PEP	PepsiCo Inc	51	3.10%
AVGO	Broadcom Inc	14	1.46%

MRK	Merck & Co Inc	14	2.40%
TXN	Texas Instruments Incorporated	21	2.95%
MCD	McDonald's Corp	49	2.17%
NKE	NIKE, Inc Class B	23	1.43%
MDT	Medtronic Plc	46	3.23%
COST	Costco Wholesale	19	0.56%
UPS	United Parcel	15	4.22%

배당귀족주란?

Dividend Aristocrats는 우리말로 '배당귀족주'로 불린다. 25년 연속 배당을 인상한 회사로 S&P500지수에 편입되어 있어야 하며, 최소 시가총액이 30억 달러 이상이어야 한다.

잠깐만요

배당귀족주지수 vs S&P500지수 연평균 수익률 비교

배당귀족지수는 2005년부터 산정되었는데, 과거 10년 동안 S&P500지수가 연평균 10.53%의 수익률을 기록한 반면, 배당귀족지수는 연평균 10.98%의 수익률을 기록했다.

S&P500 기업 중 67개 기업이 배당귀족주 기준에 속하며 업종별 분포는 다음과 같다(2023년 12월 31일 기준).

| 배당귀족주 업종별 분포 |

Consumer Staples(필수소비재)	24.01%
Industrials(산업재)	23.95%
Materials(소재)	11.94%
Health Care(헬스케어)	10.42%
Financials(금융)	10.23%
Consumer Discretionary(임의소비재)	4.52%

	4.37%
Utilities(유틸리티)	4.37%
Energy(에너지)	3.01%
Information Technology(기술)	3.01%

배당귀족주 리스트를 살펴보면 67개 종목이며 다음과 같다(2023년 12월 31일 기준).

| 배당귀족주 리스트 |

심볼	기업명	배당인상년수	배당수익률
DOV	Dover Corp	68	1.33%
EMR	Emerson Electric Co	67	2.16%
GPC	Genuine Parts Co	67	2.74%
PG	Procter & Gamble Co	67	2.57%
MMM	3M Co	65	5.49%
CINF	Cincinnati Financial Corp	63	2.90%
JNJ	Johnson & Johnson	61	3.04%
KO	Coca-Cola Co	61	3.12%
KVUE	Kenvue Inc	61	1.91%
LOW	Lowe's Cos Inc	61	1.98%
CL	Colgate-Palmolive Co	60	2.41%
NDSN	Nordson Corp	60	1.03%
HRL	Hormel Foods Corp	58	3.52%
FRT	Federal Realty Invt Trust	56	4.23%
SWK	Stanley Black & Decker Inc	56	3.30%
TGT	Target Corp	56	3.09%
SYY	Sysco Corp	53	2.73%
BDX	Becton Dickinson & Co	52	1.56%
GWW	Grainger W.W. Inc	52	0.90%
PPG	PPG Industries Inc	52	1.74%
ABBV	AbbVie Inc	51	4.00%
ABT	Abbott Laboratories	51	2.00%
KMB	Kimberly-Clark Corp	51	3.88%
NUE	Nucor Corp	51	1.24%

PEP	PepsiCo Inc	51	2.98%
SPGI	S&P Global Inc	50	0.82%
WMT	Walmart Inc	50	1.45%
ED	Consolidated Edison Inc	49	3.56%
ITW	Illinois Tool Works Inc	49	2.14%
ADM	Archer-Daniels-Midland Co	48	2.49%
ADP	Automatic Data Processing Inc	48	2.40%
MCD	McDonald's Corp	48	2.25%
PNR	Pentair PLC	48	1.27%
CLX	Clorox Co	46	3.37%
MDT	Medtronic plc	46	3.35%
SHW	Sherwin-Williams Co	45	0.78%
BEN	Franklin Resources Inc	44	4.16%
AFL	AFLAC Inc	42	2.42%
APD	Air Products & Chemicals Inc	41	2.56%
CTAS	Cintas Corp	41	0.90%
XOM	Exxon Mobil Corp	41	3.80%
ATO	Atmos Energy Corp	40	2.78%
BF.B	Brown-Forman Corp B	39	1.58%
MKC	McCormick & Co	37	2.46%
TROW	T Rowe Price Group Inc	37	4.53%
CVX	Chevron Corp	36	4.05%
ECL	Ecolab Inc	32	1.15%
GD	General Dynamics Corp	32	2.03%
O	Realty Income Corp	31	5.36%
ROP	Roper Technologies, Inc	31	0.55%
WST	West Pharmaceutical Services Inc	31	0.23%
AOS	Smith A.O. Corp	30	1.55%
BRO	Brown & Brown Inc	30	0.73%
CAT	Caterpillar Inc	30	1.76%
CB	Chubb Ltd	30	1.52%
LIN	Linde plc	30	1.24%
ALB	Albemarle Corp	29	1.11%

심볼	기업명		배당인상년수	연배당수익률
ESS	Essex Property Trust		29	3.73%
EXPD	Expeditors International of Washington Inc		29	1.08%
NEE	NextEra Energy Inc		29	3.08%
AMCR	Amcor plc		28	5.28%
IBM	Intl Business Machines Corp		28	4.06%
CAH	Cardinal Health Inc		27	1.99%
CHD	Church & Dwight Co Inc		27	1.15%
CHRW	C.H. Robinson Worldwide Inc		26	2.82%
SJM	J.M. Smucker Co		26	3.35%
FAST	Fastenal Co		25	2.16%

배당왕족주란?

Dividend Kings는 우리말로 '배당왕족주'로 불린다. 50년 연속 배당을 인상한 회사로 S&P500지수에 편입되어야 한다. 2023년 12월 31일 기준으로 연속으로 배당을 인상한 기업은 54개 기업으로 다음과 같다.

| 배당왕족주 리스트 |

심볼	기업명	배당인상년수	연배당수익률
MMM	3M Co	65	5.51%
ABT	Abbott Laboratories	52	1.94%
ABBV	Abbvie Inc	52	3.61%
ABM	ABM Industries Inc	56	2.12%
MO	Altria Group Inc	54	9.42%
AWR	American States Water Co	69	2.22%
ADM	Archer Daniels Midland Co	50	2.59%
BDX	Becton Dickinson & Co	52	1.62%
BKH	Black Hills Corporation	52	4.63%
CWT	California Water Service Group	55	2.15%
CDUAF	Canadian Utilities Ltd	51	5.33%

CINF	Cincinnati Financial Corp	63	2.77%
KO	Coca-Cola Co	61	3.08%
CL	Colgate-Palmolive Co	61	2.38%
CBSH	Commerce Bancshares, Inc	54	2.04%
DOV	Dover Corp	68	1.38%
EMR	Emerson Electric Co	67	2.22%
FMCB	Farmers & Merchants Bancorp	58	1.59%
FRT	Federal Realty Investment Trust	56	4.28%
FTS	Fortis Inc	50	4.27%
GPC	Genuine Parts Co	67	2.75%
GRC	Gorman-Rupp Co	51	2.18%
FUL	H.B. Fuller Company	54	1.04%
HRL	Hormel Foods Corp	58	3.56%
ITW	Illinois Tool Works, Inc	59	2.20%
JNJ	Johnson & Johnson	61	2.95%
KVUE	Kenvue Inc	61	3.65%
KMB	Kimberly-Clark Corp	51	3.81%
LANC	Lancaster Colony Corp	61	2.15%
LEG	Leggett & Platt, Inc	52	7.18%
LOW	Lowe's Cos Inc	60	2.00%
MSEX	Middlesex Water Co	51	2.12%
MSA	MSA Safety Inc	53	1.13%
NFG	National Fuel Gas Co	53	3.97%
NDSN	Nordson Corp	60	1.09%
NWN	Northwest Natural Holding Co	68	5.09%
NUE	Nucor Corp	51	1.28%
PH	Parker-Hannifin Corp	67	1.28%
PEP	PepsiCo Inc	51	3.05%
PPG	PPG Industries, Inc	52	1.78%
PG	Procter & Gamble Co	67	2.50%
RPM	RPM International Inc	50	1.73%
SPGI	S&P Global Inc	50	0.83%
SJW	SJW Group	55	2.40%

심볼			
SWK	Stanley Black & Decker Inc	56	3.34%
SCL	Stepan Co	56	1.69%
SYY	Sysco Corp	53	2.68%
TGT	Target Corp	55	3.10%
TNC	Tennant Co	53	1.26%
TR	Tootsie Roll Industries Inc	56	1.04%
UBSI	United Bankshares Inc	50	4.05%
UVV	Universal Corp	53	5.26%
GWW	W.W. Grainger Inc	52	0.89%
WMT	Walmart Inc	50	1.42%

이제 배당의 종결자라고 할 수 있는 60년 이상 배당을 인상한 기업을 알아보자. 고작 16개 기업만이 해당될 뿐이다(2023년 12월 31일 기준).

| 60년 연속 배당 인상주 |

심볼	기업명	배당인상년수	연배당수익률
AWR	American States Water Co	69	2.22%
DOV	Dover Corp	68	1.38%
NWN	Northwest Natural Holding Co	68	5.09%
EMR	Emerson Electric Co	67	2.22%
GPC	Genuine Parts Co	67	2.75%
PH	Parker-Hannifin Corp	67	1.28%
PG	Procter & Gamble Co	67	2.50%
MMM	3M	65	5.51%
CINF	Cincinnati Financial Corp	63	2.77%
KO	Coca-Cola Co	61	3.08%
CL	Colgate-Palmolive Co	61	2.38%
JNJ	Johnson & Johnson	61	2.95%
KVUE	Kenvue Inc	61	3.65%
LANC	Lancaster Colony Corp	61	2.15%
LOW	Lowe's Cos Inc	60	2.00%
NDSN	Nordson Corp	60	1.09%

여기서 이 책의 독자를 위해 일명 '전천후 배당 포트폴리오'를 추천하겠다. 매월 배당을 받을 수 있고 실적 증가에 따라 장기투자가 가능한 종목으로 구성했으니, 차근차근 포트폴리오를 완성한다면 미국주식투자에 큰 도움이 될 것이다.

| 전천후 배당 포트폴리오 |

심볼	기업명	배당금(수익률)	배당지급 월
CLX	Clorox Co	$4.78(3.07%)	2, 5, 8, 11
GPC	Genuine Parts Co	$3.85(2.55%)	1, 4, 7, 10
JNJ	Johnson & Johnson	$4.76(2.98%)	3, 6, 9, 12
KMB	Kimberly-Clark Corp	$5.94(4.73%)	1, 4, 7, 10
MCD	McDonald's Corp	$6.38(2.18%)	3, 6, 9, 12
MSFT	Microsoft Corp	$2.86(0.70%)	3, 6, 9, 12
PG	Procter & Gamble Co	$3.76(2.35%)	2, 5, 8, 11

다섯째
마당

평생 투자를 위한 미국주식 포트폴리오

028 포트폴리오는 왜 필요할까요?

주식 초보자나 투자규모가 상대적으로 작은 투자자들 상당수가 특정 주식을 잘 선택해서 일확천금을 얻는 것을 꿈꾼다. 이는 현실적인 경험과는 상관없이 영화나 드라마 혹은 인터넷상에서 보고 들은 경험치에 기반한다. 이렇게 적은 돈으로 여러 군데 나누어 투자해서 어느 세월에 돈을 버느냐는 것이다.

몇몇 종목에 집중투자하면 위험하니, 길게 보고 여러 종목에 분산투자하는 것이 정석이라고 아무리 강조해도 이들의 머릿속에는 들어오지 않는다. 말로는 워런 버핏, 존 보글, 피터 린치 등 내로라하는 투자자들의 책을 읽고서 그들을 존경한다고 하면서도 막상 본인의 행동은 그렇지 않은 것이다. 심지어는 경영학을 전공한 학생들도 마찬가지다.

안타깝게도 국내주식시장을 오랫동안 경험한 투자자들조차 대부분 한두 종목에 집중투자해서 크게 수익을 내는 것이 진정한 투자자의 자세라고 믿는다. 그렇지만 미국주식에 투자하려고 마음먹었다면 포트폴리오 분산투자를 생명줄처럼 여기기 바란다.

애플도 망할 수 있다

물론 이렇게 질문할 수 있다. 애플, 아마존 같은 우량 주식에만 계속 투자할 텐데 굳이 포트폴리오가 필요하냐고, 그런 기업이 설마 망하겠느냐고 말이다. 물론 그런 세계 초일류 기업이 망하지는 않는다고 해도 앞으로 10년, 20년 후에도 계속 시가총액 상위에 있을지는 아무도 장담할 수 없다. 특히 미국 자본주의와 금융시장의 역사를 이해한다면 말이다. 지난 역사를 살펴볼 때 10년마다 시가총액 최고 기업의 자리는 계속 바뀌어왔다. 석유 메이저 기업인 엑손모빌도 한때는 혁신 경영의 대표 사례였고, 모두가 칭송했던 제너럴일렉트릭도 한 시대를 이끈 시가총액 1위 기업이었다. 하지만 엑손모빌은 2020년 다우지수에서 빠지는 수모를 겪었고, 제너럴일렉트릭은 쓰라린 구조조정을 겪고 10여 년 만에 겨우 반전을 모색하는 실정이다.

이런 초우량 대기업조차 그 위치를 유지하기 어려운데 지금의 초우량 기업의 미래가 무조건 보장될까? IT 기업은 다르지 않느냐고 질문할 수도 있다. 이에 대한 대답은 2000년 당시 미국에서 가장 규모가 큰(시가총액 기준으로) 기업은 마이크로소프트였지만, 닷컴버블 직후 10여 년 동안 고난의 행군을 이어갔다는 사실로 대신하겠다.

국내주식에만 투자해온 투자자들에게도 익숙한 미국의 반도체 기업 중에 마이크론 테크놀로지가 있다. 이 기업은 닷컴 버블 시대의 주가 수준을 회복하는 데 무려 20년이 걸렸는데, 아직 근처에도 못간 기업도 부지기수다. 또한 대한민국에 한메일 열풍이 불고 네이버가 막 태동했을 때 미국에는 AOL이 있었다. 세상을 지배할 기업이라고들 여겼지만 지금은 겨우 명맥만 유지하고 있을 뿐이다.

AOL 주식회사(AOL Inc)

미국의 온라인 사업 관련 회사다. 1983년 컨트롤 비디오 주식회사(Control Video Corporation)라는 이름으로 창립됐다. 초기 사업은 아타리 2600 게임기에 전화선으로 게임을 판매하는 것이었지만, 1983년 북아메리카에 닥친 비디오 게임 위기로 인해 사업을 변경해야 했다. 창업자가 떠난 후 회사를 맡게 된 스티브 로스는 당시 가장 인기 있던 컴퓨터인 코모도어 64에 퀀텀링크란 이름으로 네트워크를 제공하기로 했고, 2009년에 재창립하여 AOL로 사명을 바꾸었다. 2000년에 타임워너가 AOL과의 합병을 발표했고, 이듬해 AOL 타임워너란 이름으로 출범했다. 이 거대한 결합은 크게 주목을 끌었지만, 기대했던 시너지 효과를 얻지 못하고 어려움을 겪었다. 2009년 결국 타임워너가 AOL을 분사시키면서 독립했다. 이후 AOL은 2015년 통신회사인 버라이즌 커뮤니케이션스에 인수되어 다시 자회사가 되었다. 2017년 7월 AOL은 야후와 합병하며 오아츠로 설립되었고, 현재는 버라이즌미디어(Verizon Media)로 사명이 변경되었다.

투자한 기업들이 여전히 주식시장에 상장되어 있기만 해도 천만다행이다. 국내에서는 극히 예외적인 경우를 제외하고는 그나마 이익이 나는 기업만 상장되지만 미국주식시장은 그렇지 않다. 많은 투자자들이 테슬라에 열광하지만, 테슬라가 이익을 내기 시작한 것은 2019년 하반기 이후부터였으나 주식시장에서 거래되기 시작한 것은 2010년이었다. 국내에서는 꿈도 못 꿀 일이다. 이렇듯 미국에서는 실제로 이익을 내지 못하더라도 투자자들의 관심을 받을 수만 있다면 주식시장에 상장하는 것이 어렵지 않다.

그런데 더욱 무서운 사실이 있다. 테슬라와 함께 2010년에 상장한 기업들을 비롯해, 미국주식시장의 역사적 통계를 볼 때 새롭게 상장하는 기업들의 40%가 7년 이내에 상장폐지된다는 것이다. 국내의 경우 상장하는 절차가 까다로운 만큼 웬만하면 퇴출되지 않는 반면에 미국증시는 퇴출이 매우 쉽다. 그리고 스스로 상장을 폐지하는 경우도 많다. 워낙 비용이 많이 들고 감독규정이 까다롭기 때문이다.

미국주식 분산투자는 20~25종목으로

그럼 분산투자는 어떻게 해야 할까? 대학교 등에서 배우는 투자론 시간에 분산투자의 중요성과 방법에 대해서 집중적으로 공부한 사람조차 이론적으로 들어가면 이해하기도 어렵고 적용하기도 만만치 않은 것이 현실이다.

가장 궁금한 대목은 도대체 몇 종목으로 분산해서 포트폴리오를 구성하면 좋을까 하는 것이다. 통계적으로 20~25개 종목으로 분산하는 것이 가장 효율적이며, 여기서 종목 수가 더 많아지면 차라리 지수에 투자하는 것이 낫다고 한다.

| 분산투자의 리스크 관리 효과 |

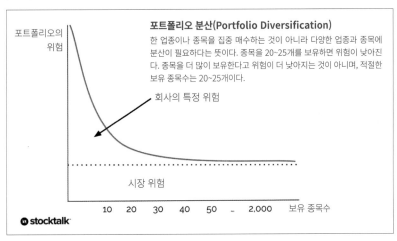

출처: 트위터(2020.6.28.)

성장주와 우량주를 골고루

그러면 이제 어떤 업종의 어떤 종목을 편입하느냐가 문제다. 한마디로 말하면 부족한 부분은 채우고, 중복되는 부분은 줄이면 된다.

예를 들어보자. 미국주식투자를 최근에 시작한 투자자들이나 관심 있는 예비 투자자들은 대부분 테슬라, 애플, 엔비디아 같은 성장주에 매력을 느낀다. 반면에 꾸준히 이익을 내며 성장해 온 오래된 기업들, 예를 들어 은행이나 P&G, 디즈니 같은 기업에는 무덤덤한 반응을 보이는 경우가 대부분이다.

물론 최근 1~2년, 아니 길게 보면 최근 7~8년만 보면 성장주의 투자수익률이 좋았던 것이 사실이지만, 미국주식시장의 역사를 보면 80%는 오래된 기업들의 수익이 컸다. 즉, 성장주에만 집중적으로 투자 중이라면 오히려 수익이 안정적인 기업들의 주식 비중을 조금씩 늘리는 것이 분산투자이고 효율적인 포트폴리오 구성이라고 할 수 있다.

미국주식시장을 꽤 오랫동안 경험한 투자자들 중 배당투자의 매력을 얘기하는 사람들이 많다. 배당을 많이 주는 기업 위주로 투자해 왔다면, 아직 배당을 지급하지 않더라도 성장하기 위해 계속 투자를 늘리는 기업들에도 투자하는 것이 바로 분산투자다. 개별 기업에만 투자하던 투자자가 ETF를 통해 지수나 섹터 혹은 트렌드나 테마에 투자하면서 새로운 경험을 하는 것도 분산투자다.

또한 국내주식에만 투자해 왔던 투자자들이 미국주식을 시작하는 것 자체가 분산투자이고, 해외주식이라면 중국주식만 해봤던 투자자들이 미국주식에 투자하는 것도 분산투자다.

다른 각도에서 보면 이렇게 분산투자가 자유롭고, 쉽게 선택할 수 있을 만큼 투자할 만한 기업도 많으며 ETF를 통해 간접적인 선택이 가능한 것도 미국주식투자의 또 다른 매력이 아닐까 싶다. 어찌 되었든 이것만은 꼭 기억하기 바란다. 부족한 것을 채우는 것이 분산투자이고, 포트폴리오를 효율적으로 구성하는 방법이다.

우량주를 찾기 위한
다섯 가지 체크포인트

다섯 가지 원칙을 지키면 돈을 번다

주식투자로 돈을 버는 것을 어렵게 생각할 이유가 없다. 매우 단순하기 때문이다. 좋은 주식, 즉 우량주를 남들보다 싸게 사서 이익을 내고 팔면 된다. 문제는 어떻게 좋은 주식을 찾느냐는 것이다.

누구나 쉽게 이해할 수 있는 기본적인 원칙은 다음과 같다. 다음 다섯 가지 체크포인트만 기억하고 답을 찾으면 된다.

- 실적이 꾸준히 좋아지고 있는가?
- 부도 위험은 없는가?
- 경제적 해자가 존재하는가?
- 현금사정이 좋은가?
- 주주들에게 배당을 잘 주는가?

 알아두세요 ———

경제적 해자
기업이 경쟁자들로부터 시장 점유율과 수익성을 방어할 수 있는 뚜렷한 경쟁 우위를 의미한다. 넓은 의미에서 경제적 해자는 모방하거나 복제하기 어려운 것(예: 브랜드 아이덴티티, 특허)으로서 다른 기업과의 경쟁에서 효과적인 장벽을 형성한다. 한마디로 독보적인 우위라고 보면 된다.

이 질문들에 모두 좋은 평가를 내릴 수 있다면 일단 좋은 기업, 즉 우량주로 평가받을 가능성이 높다. 증권회사와 자산운용사의 애널리스트나 펀드매니저도 결국 이런 질문들에 답하는 과정을 거치면서 기업을 평가하고 투자를 결정한다.

이들은 해당 기업을 방문하기도 하고 재무제표도 분석한다. 해당 기업이 영업활동을 하고 있는 국가나 지역 그리고 산업 환경 전체에 대한 기본적인 인식도 필수적이다. 이 모든 것을 바탕으로 투자결정을 위한 조언을 하거나 직접 투자결정을 하는 것이 바로 이들의 업무다.

물론 이들만큼 전문적 지식이나 경험이 있다면 개인투자자들도 충분히 좋은 분석이 가능하다. 하지만 가장 쉽게 도움을 받는 방법은 그들이 작성한 전문적인 분석 리포트를 직접 읽어보는 것이다. 혹은 공개된 기초 데이터나 가공된 자료를 활용하는 것도 좋다.

재무제표만으로도 많은 것을 이해할 수 있다

 알아두세요

**자기자본이익률
(Return On Equity, ROE)**
기업이 자본을 이용하여 얼마만큼 이익을 냈는지를 나타내는 지표다. 당기순이익 값을 자본 값으로 나누어 구한다.

부채비율
회사의 부채비율은 회사가 보유한 총 부채가 총 자산에서 차지하는 비율을 나타내는 재무지표이다. 이 비율은 회사의 재무 구조와 안정성을 평가하는 데 사용된다. 산식 '총부채÷총자산×100'으로 계산하는데, 예를 들어 총 자산이 200만 달러이고 부채가 50만 달러인 회사의 부채비율은 25%다.

유동비율
회사가 단기적 의무를 충족하기에 충분한 자원을 보유하고 있는지를 측정하는 유동성 비율이다. 회사의 유동성을 나타내며, 허용 가능한 비율은 산업마다 다르다.

애널리스트나 펀드매니저는 저마다 나름대로 분석 툴을 갖고 있다. 일반적으로 증권업계에서 쓰는 기준은 앞에서 질문한 다섯 가지의 해답을 찾기 위해 수익의 성장성, 재무적 안정성, 현금창출력, 사업독점력, 배당매력 등에 대한 평가를 구체화하는 것이다.

수익의 성장성을 따질 때는 5년 평균 자기자본이익률(ROE), 순이익성장률 등을 고려한다.

재무적 안정성을 살펴볼 때는 부채비율, 유동비율, 이자보상비율, 차입금비율, 금융비용, 자기자본비율 등을 고려한다.

현금창출력을 살펴볼 때는 영업활동현금, 잉여현금흐름비율, 주가현금흐름배수 등을 고려한다.

사업독점력에서는 5년 평균 ROE, 영업이익률, 자산성장률 등을 고려하고 배당매력에서는 시가배당률, 배당성향 등을 고려한다.

초이스스탁US(Choicestock US)에서 제공하는 개별기업에 대한 평가표를 활용하는 것도 유용한 접근방법 중 하나다. 예를 들어 마이크로소프트의 평가표를 보면 네 가지 기준에서 최상위 평가를 받고 있다.

출처: 초이스스탁US

물론 이런 평가방법이 높은 투자수익을 보장하는 것은 아니다. 그렇지만 미국주식을 처음 시작하는 초보투자자일수록 좋은 기업, 즉 우량주를 찾기 위한 기본적인 노력부터 충실히 해야 안정적인 주식투자의 길로 들어설 수 있다. 최소한의 노력이 밑받침되어야 장기적으로 안정적인 투자가 가능하다.

초보투자자들 중에는 이런 노력조차 하지 않고, 주위 지인의 얘기만을 듣고 쉽게 투자를 결정해서 큰돈을 버는 경우도 왕왕 있다. 그렇지만 그런 사람들에게는 이 얘기를 꼭 전하고 싶다. 초심자의 행운일 가능성이 크다고 말이다.

테마주: 미래 세대를
지배할 일곱 가지 테마

이커머스 성장은 앞으로도 이어진다

2020년 미국에서 전자상거래는 전체 소매판매 중 11%를 차지했고, 2030년엔 34%를 차지할 것으로 전망된다. 여기에 만약 드론배송까지 추가된다면 전자상거래 규모는 60%를 넘어갈 수도 있다.

반면 오프라인 소매점의 규모는 점점 작아지는 추세다. 미국 상업용 부동산 시장 규모는 현재 2.6조 달러인데, 10년 내로 1조 달러 이상의 오프라인 시장이 온라인으로 이동할 전망이다.

코로나19로 선진국을 포함한 많은 이머징 마켓 국가들이 기존의 오프라인 세대를 건너뛰고 바로 전자상거래로 직행하고 있다는 점도 의미가 있다. 지금부터 전자상거래 관련 테마종목을 알아보자.

잠깐만요

종목 이해를 위한 용어 설명

• **주가순자산배수(PBR, Price to Book Ratio)**
기업의 장부가 대비 시가총액을 측정한다. 현재 시가총액(즉, 주식 가치)과 회계 장부상의 가치를 비교한 것으로 시장에서 저평가된 주식을 식별하는 데 사용할 수 있다. 보통 1 이하면 저평가되었다고 판단한다.

PBR = 주가 ÷ 주당순자산가치

• **주가매출액배수(PSR, Price-to-Sales Ratio)**

투자자가 주식의 매출 1달러당 얼마를 지불할 의향이 있는지를 보여주는 지표로, 주가를 주당 매출액으로 나누거나 시가총액을 매출액으로 나누어 계산한다. 이 비율이 낮으면 주식이 저평가되어 있음을 의미하고, 평균보다 높으면 주식이 고평가되어 있음을 나타낸다.

$$PSR = 시가총액 \div 매출액$$
$$= 주당 \div 주당 매출액$$

• **주가현금흐름배수(PCR, Price to Cash Flow Ratio)**

기업의 시장 가치와 영업현금흐름 또는 주가와 주당 영업현금흐름을 비교하는 배수를 말한다. P/CF라고도 부르며 P/CF배수가 낮다는 것은 기업의 현금흐름이 우수하다는 것으로, 주식이 시장에서 저평가되어 있다는 것을 의미할 수 있다.

일부 애널리스트는 기업의 현금흐름을 분석할 때 주가수익비율(PER)이 정확한 현금흐름을 반영하지 못하기 때문에 주가순이익비율(P/CF)을 선호하기도 한다.

$$PCR = 주가 \div 주당 영업현금흐름(CPS)$$

• **기업가치배수(EV/EBITDA)**

기업가치배수(EV 배수라고도 함)는 기업의 가치를 판단하는 데 사용되는 비율이다. 기업가치를 이자, 세금, 감가상각비 차감 전 영업이익(EBITDA)으로 나눈 값이다. 잠재적 인수자가 회사의 부채를 고려하는 방식으로, 적정한 기업가치 배수는 업종에 따라 달라진다.

$$EV/EBITDA = EV \div EBITDA$$

• **주당순자산(BPS, Book Value Per Share)**

기업의 총자산에서 부채를 빼면 기업의 순자산이 남는데, 이 순자산을 발행주식수로 나눈 수치를 말한다.

$$BPS = 순자산(총자산 - 총부채) \div 발행주식수$$

• **총자산이익률(ROA, Return on Assets)**

기업의 총자산 대비 수익성을 나타내는 재무 비율을 말하는 것으로 기업 경영진, 애널리스트, 투자자는 ROA를 사용하여 기업이 자산을 얼마나 효율적으로 사용하여 수익을 창출하는지 판단할 수 있다. 이 지표는 일반적으로 회사의 순이익과 평균 자산을 사용하여 백분율로 표시하는데, ROA가 높을수록 회사가 수익을 창출하기 위해 대차대조표를 더 효율적이고 생산적으로 관리하고 있음을 의미하며, ROA가 낮을수록 개선의 여지가 있음을 나타낸다.

$$ROA = 당기순이익 \div 총자산$$

아마존(AMZN)

아마존은 전자상거래와 아마존 웹서비스라는 이름의 클라우드 컴퓨팅 서비스를 제공하고 있는 미국 기업이다. 1994년에 인터넷에서 책을 팔겠다는 아이디어로 제프 베조스가 워싱턴에서 설립했으며 전 세계 최초로 전자상거래 서비스를 만든 기업들 중 하나로 성장했다. 그러나 현재 아마존 웹서비스 사업은 아마존 시가총액의 반을 넘을 정도로 상당 부분을 차지한다. 1997년부터 VHS, DVD, 음악 CD, MP3, windows 등의 소프트웨어, 비디오 게임, 전자 제품, 옷, 가구, 음식, 장난감 등 제품 라인을 다양화하였다. 또한 제3자 판매자가 아마존에서 온라인 상거래를 하는 오픈마켓 플레이스를 통해 상상할 수 있는 거의 모든 제품을 제공하고 있다. 특히 땅이 넓은 북미지역의 경우, 아마존이 아니면 물건 구매 및 배송이 쉽지 않아서 빠르게 성장했는데, 아마존 프라임 회원의 경우 하루 만에 구매한 물건을 배송받을 수 있다.

| 아마존닷컴(AMZN) | | | | | (단위: 백만 달러) |
손익계산서	2019.12.	2020.12.	2021.12.	2022.12.	2023.12(E).
매출액	280,522	386,064	469,822	513,983	570,774
영업이익	14,541	22,899	24,879	12,248	34,109
영업이익률	5.2%	5.9%	5.3%	2.4%	6.0%
순이익	11,588	21,331	33,364	−2,722	28,102

| 순이익률 | 4.1% | 5.5% | 7.1% | −0.5% | 4.9% |

(단위: 배)

가치평가	2019.12.	2020.12.	2021.12.	2022.12.	2023.12(E).
주가수익배수(PER)	79.06	76.61	50.68	−314.82	57.74
주가순자산배수(PBR)	14.76	17.50	12.23	5.87	7.87
주가매출액배수(PSR)	3.27	4.23	3.60	1.67	0.03
주가현금흐름배수(PCR)	23.79	24.74	36.50	18.33	17.97
EV/EBITDA	25.50	33.04	23.86	24.78	14.72

(단위: 달러)

주당지표	2019.12.	2020.12.	2021.12.	2022.12.	2023.12(E).
주당순이익(EPS)	1.15	2.09	3.24	−0.27	2.68
주당순자산(BPS)	6.28	9.34	13.67	14.33	19.64
주당배당금(DPS)	0	0	0	0	0

(단위: %)

수익성	2019.12.	2020.12.	2021.12.	2022.12.	2023.12(E).
자기자본이익률(ROE)	21.1	27.1	28.0	−2.0	16.4
총자산이익률(ROA)	5.8	7.9	9.0	−0.6	5.9
투하자본이익률(ROIC)	10.8	13.1	13.2	−1	N/A

쇼피파이(SHOP)

주로 중소기업에 전자상거래 플랫폼을 제공하는 회사다. 구독 솔루션 (2023년 회계 매출의 27%)과 가맹점 솔루션(73%)의 두 부문으로 운영된다.

| 쇼피파이(SHOP) |

(단위: 백만 달러)

손익계산서	2019.12.	2020.12.	2021.12.	2022.12.	2023.12(E).
매출액	1,578	2,929	4,612	5,600	6,989
영업이익	−141	90	269	−822	759
영업이익률	−8.9%	3.1%	5.8%	−14.7%	10.9%
순이익	−125	320	2,915	−3,460	−289
순이익률	−7.9%	10.9%	63.2%	−61.8%	−4.1%

가치평가	2019.12.	2020.12.	2021.12.	2022.12.	2023.12(E).
주가수익배수(PER)	−367.33	431.91	59.34	−12.76	117.29
주가순자산배수(PBR)	15.21	21.56	15.54	5.36	12.13
주가매출액배수(PSR)	29.06	47.11	37.51	7.88	0.15
주가현금흐름배수(PCR)	649.41	324.73	322.87	−323.58	108.24
EV/EBITDA	−745.37	425.06	53.54	−12.49	122.67

(단위: 달러)

주당지표	2019.12.	2020.12.	2021.12.	2022.12.	2023.12(E).
주당순이익(EPS)	−0.11	0.26	2.29	−2.73	−0.23
주당순자산(BPS)	2.67	5.35	8.93	6.51	6.71
주당배당금(DPS)	0	0	0	0	0

(단위: %)

수익성	2019.12.	2020.12.	2021.12.	2022.12.	2023.12(E).
자기자본이익률(ROE)	−4.9	6.3	27.9	−39.1	4.1
총자산이익률(ROA)	−4.3	5.4	23.5	−31.1	9.2
투하자본이익률(ROIC)	−5.1	7.1	31.4	−45	N/A

엣시(ETSY)

판매자가 주로 미국, 영국, 캐나다, 호주, 프랑스, 독일에서 수제상품을 판매할 수 있는 온라인 시장인 엣시닷컴(Etsy.com)을 운영한다. 다양한 소매 범주에 속하는 약 6,000만 개의 제품을 구매자에게 제공한다.

| 엣시(ETSY) |

(단위: 백만 달러)

손익계산서	2019.12.	2020.12.	2021.12.	2022.12.	2023.12(E).
매출액	818	1,726	2,329	2,566	2,733
영업이익	89	424	466	−659	285
영업이익률	10.9%	24.6%	20.0%	−25.7%	10.4%
순이익	96	349	494	−694	349.51
순이익률	11.7%	20.2%	21.2%	−27.0%	12.8%

가치평가	2019.12.	2020.12.	2021.12.	2022.12.	2023.12(E).
주가수익배수(PER)	54.74	64.23	56.25	−21.68	29.57
주가순자산배수(PBR)	12.91	30.22	44.16	N/A	−15.24
주가매출액배수(PSR)	6.41	13.00	11.92	5.87	0.03
주가현금흐름배수(PCR)	25.37	33.04	42.60	22.02	14.05
EV/EBITDA	35.38	48.06	52.99	−30.21	12.94

(단위: 달러)

주당지표	2019.12.	2020.12.	2021.12.	2022.12.	2023.12(E).
주당순이익(EPS)	0.76	2.09	3.40	5.48	2.38
주당순자산(BPS)	3.4	6.12	4.94	−4.32	−4.62
주당배당금(DPS)	0	0	0	0	0

(단위: %)

수익성	2019.12.	2020.12.	2021.12.	2022.12.	2023.12(E).
자기자본이익률(ROE)	23.8	59.7	83.1	−2,653.90	−70.1
총자산이익률(ROA)	6.3	17.7	15.0	−22.3	11.2
투하자본이익률(ROIC)	7.8	28.3	18.6	−22.4	N/A

원자재에 주목하라

예를 들어 구리는 전기차를 비롯해 스마트폰, 빌딩&지붕(태양광), 파이프라인, 가전제품, 건강보조식품에 필수적인 원자재다. 전기차 시장의 성장으로 전기차에 필요한 구리 수요는 2019년 7만 톤에서 2030년에는 25만 톤에 달할 전망이다.

글로벌 컨설팅 업체인 맥킨지에 의하면 2050년 전력생산의 73%는 재생에너지로 만들어질 예정이고, 재생에너지의 전기변환 케이블의 핵심 자재는 구리다. 하지만 구리의 품위(필요한 성분 포함 비율)는 지속적으로 하락하여 구리 채광은 점점 힘들어지고 가격도 오르고 있다. 이렇듯 경제

성장과 인프라 수요가 증가할수록 철강제품의 수요가 확대되므로 철광석에 대한 관심도 커질 가능성이 높아 보인다.

프리포트 맥모란(FCX)

구리, 금, 몰리브덴, 코발트 광산업에 종사 중인 천연자원 회사로, 주로 북미와 남미, 인도네시아에서 광산을 운영하고 발굴한 천연자원을 제련 및 정제해서 판매한다.

| 프리포트 맥모란(FCX) | | | | | (단위: 백만 달러) |

손익계산서	2019.12.	2020.12.	2021.12.	2022.12.	2023.12(E).
매출액	14,402	14,198	22,845	22,780	22,840
영업이익	1,091	2,437	8,366	7,037	6,398
영업이익률	7.6%	17.2%	36.6%	30.9%	28.0%
순이익	−239	599	4,306	3,468	2,302
순이익률	−1.7%	4.2%	18.8%	15.2%	10.1%

(단위: 배)

가치평가	2019.12.	2020.12.	2021.12.	2022.12.	2023.12(E).
주가수익배수(PER)	−79.65	63.11	14.23	15.66	25.81
주가순자산배수(PBR)	2.05	3.72	4.38	3.49	3.53
주가매출액배수(PSR)	1.32	2.66	2.68	2.38	0.03
주가현금흐름배수(PCR)	12.84	12.53	7.94	10.57	11.13
EV/EBITDA	11.60	12.38	6.87	6.79	7.17

(단위: 달러)

주당지표	2019.12.	2020.12.	2021.12.	2022.12.	2023.12(E).
주당순이익(EPS)	−0.17	0.41	2.9	2.39	1.59
주당순자산(BPS)	6.41	7	9.54	10.8	11.6
주당배당금(DPS)	0.2	0.05	0.23	0.6	0.61

(단위: %)

수익성	2019.12.	2020.12.	2021.12.	2022.12.	2023.12(E).
자기자본이익률(ROE)	−2.5	6.4	34.3	23	13.6

총자산이익률(ROA)	−0.6	1.5	9.4	6.9	4.6
투하자본이익률(ROIC)	2.0	4.7	16.5	13.8	N/A

발리(VALE)

BHP, 리오틴토와 함께 세계에서 가장 큰 철광석 채광 기업 중 하나이자 브라질 최대의 채광 기업이다. 철광석, 니켈, 망간, 철합금, 구리, 코발트, 알루미늄 등을 생산 및 판매하며 철도와 항만, 터미널 등 물류 서비스 사업도 하고 있다. 사업 부문은 철광석, 염기 금속, 석탄 등으로 구분되고, 수익의 대부분이 벌크 자재(주로 철광석과 철광석 펠릿)에서 발생한다.

| 발리(VALE) | (단위: 백만 달러)

손익계산서	2019.12.	2020.12.	2021.12.	2022.12.	2023.12(E).
매출액	36,549	39,545	54,502	43,839	41,328
영업이익	3,893	12,823	27,693	17,208	14,952
영업이익률	10.7%	32.4%	50.8%	39.3%	36.2%
순이익	−1,683	4,881	22,445	18,788	9,333
순이익률	−4.6%	12.3%	41.2%	42.9%	22.6%

(단위: 배)

가치평가	2019.12.	2020.12.	2021.12.	2022.12.	2023.12(E).
주가수익배수(PER)	−40.21	17.61	3.20	4.37	6.57
주가순자산배수(PBR)	1.69	2.41	2.09	2.29	1.52
주가매출액배수(PSR)	1.85	2.17	1.32	1.87	0.02
주가현금흐름배수(PCR)	3.92	4.55	2.15	4.38	5.05
EV/EBITDA	16.68	14.60	2.94	4.02	4.36

(단위: 달러)

주당지표	2019.12.	2020.12.	2021.12.	2022.12.	2023.12(E).
주당순이익(EPS)	−0.33	0.95	4.47	4.05	2.25
주당순자산(BPS)	7.82	6.97	6.72	7.41	9.74
주당배당금(DPS)	0.35	0.46	2.75	1.46	1.28

(단위: %)

수익성	2019.12.	2020.12.	2021.12.	2022.12.	2023.12(E).
자기자본이익률(ROE)	-4	12.9	63.9	53.4	24.5
총자산이익률(ROA)	-1.9	5.3	24.7	21.3	11.1
투하자본이익률(ROIC)	1.7	8.4	37.4	31.1	N/A

대체에너지가 주류가 된다

유럽위원회는 2030년까지 온실가스 배출 55% 감축 목표 계획을 발표했고, 2030~2040년에는 내연기관차 판매 금지를 추진하고 있다.

대체에너지 시장규모는 2015년 304억 달러에서 2019년 1,438억 달러로 373% 증가했다. 대체에너지 수요의 확대는 단순한 환경 이슈를 넘어섰다. 이제는 사회에 좋은 영향을 미치는 기업에 투자를 늘리자는 ESG(환경, 사회, 지배구조) 운동이 자산운용시장까지 확산되는 데 기여하고 있다.

넥스트에라 에너지(NEE)

전력 및 에너지 인프라 회사로 바람, 태양, 천연가스를 사용해 전기를 생산하며 자회사를 통해 상업용 원자력 장치도 운영하고 있다. 이 회사의 시설인 플로리다 파워&라이트(Florida Power&Light)는 플로리다의 약 500만 고객에게 전력을 제공하고 있으며 회사 매출의 60%를 차지한다.

| 넥스트에라 에너지(NEE) |

(단위: 백만 달러)

손익계산서	2019.12.	2020.12.	2021.12.	2022.12.	2023.12(E).
매출액	19,204	17,997	17,069	20,956	26,498
영업이익	5,353	5,116	2,913	4,081	8,681
영업이익률	27.9%	28.4%	17.1%	19.5%	32.8%

순이익	3,769	2,919	3,573	4,147	6,311
순이익률	19.6%	16.2%	20.9%	19.8%	23.8%

(단위: 배)

가치평가	2019.12.	2020.12.	2021.12.	2022.12.	2023.12(E).
주가수익배수(PER)	31.40	51.78	51.27	40.06	19.52
주가순자산배수(PBR)	3.20	4.14	4.92	4.24	2.69
주가매출액배수(PSR)	6.16	8.40	10.73	7.93	0.05
주가현금흐름배수(PCR)	14.51	18.93	24.25	20.11	11.74
EV/EBITDA	14.89	22.03	26.09	23.26	13.41

(단위: 달러)

주당지표	2019.12.	2020.12.	2021.12.	2022.12.	2023.12(E).
주당순이익(EPS)	1.94	1.48	1.81	2.1	3.13
주당순자산(BPS)	18.93	18.64	18.96	19.74	22.66
주당배당금(DPS)	1.25	1.4	1.54	1.7	1.871

(단위: %)

수익성	2019.12.	2020.12.	2021.12.	2022.12.	2023.12(E).
자기자본이익률(ROE)	10.6	7.9	9.6	11	14.0
총자산이익률(ROA)	3.3	2.4	2.6	2.7	3.7
투하자본이익률(ROIC)	4.8	3.2	3.1	2.9	N/A

퍼스트 솔라(FSLR)

태양광 모듈을 설계 및 제조하고, 회사 모듈을 사용하여 유틸리티 스케일 태양 시스템을 개발, 설계 및 구축하며, 시스템 소유자를 위한 운영 서비스를 제공한다. 박막 기술로 불리는, 카드뮴 텔루라이드를 사용하여 햇빛을 전기로 변환하는 태양 모듈을 제조한다. 세계에서 가장 큰 박막 태양 모듈 제조업체이며 베트남, 말레이시아, 미국 오하이오주에 생산 라인을 갖추고 있다.

| 퍼스트 솔라(FSLR) |

(단위: 백만 달러)

손익계산서	2019.12.	2020.12.	2021.12.	2022.12.	2023.12(E).
매출액	3,063	2,711	2,923	2,619	3,472
영업이익	-162	317	439	-281	832
영업이익률	-5.3%	11.7%	15.0%	-10.7%	24.0%
순이익	-115	398	469	-44	831
순이익률	-3.8%	14.7%	16.0%	-1.7%	23.9%

(단위: 배)

가치평가	2019.12.	2020.12.	2021.12.	2022.12.	2023.12(E).
주가수익배수(PER)	-51.32	26.32	19.77	-361.56	20.76
주가순자산배수(PBR)	1.16	1.90	1.56	2.74	2.58
주가매출액배수(PSR)	1.93	3.87	3.17	6.10	0.05
주가현금흐름배수(PCR)	33.86	282.41	39.01	18.28	18.68
EV/EBITDA	46.33	17.28	9.68	51.89	13.62

(단위: 달러)

주당지표	2019.12.	2020.12.	2021.12.	2022.12.	2023.12(E).
주당순이익(EPS)	-1.09	3.73	4.38	-0.41	7.73
주당순자산(BPS)	48.40	52.15	56.08	54.77	62.29
주당배당금(DPS)	0	0	0	0	0

(단위: %)

수익성	2019.12.	2020.12.	2021.12.	2022.12.	2023.12(E).
자기자본이익률(ROE)	-2.2	7.5	8.1	-0.8	12.2
총자산이익률(ROA)	-1.6	5.7	6.5	-0.6	7.2
투하자본이익률(ROIC)	-1.7	5.8	10.7	0.4	N/A

중국의 뜻밖의 고전

세계의 공장으로 불렸던 중국의 아성이 무너지는 양상을 보이고 있다.
중국의 벤치마크인 CSI300지수는 2020년 이후 3분의 1 이상 하락했으며, 4년째 하락세를 이어가고 있다. 많은 중국 대기업의 주식을 포함하고 있는 홍콩 항생지수는 2023년에 이미 10% 하락하여 아시아 주요 주가지수 중 가장 저조한 성적을 기록하고 있다. 이러한 매도세는 외국인 투자자들의 자본 이탈을 부추기고, 홍콩의 소액 투자자들이 더 안전한 자산으로 이동하게 만들었으며 신흥국 시장에 초점을 맞춘 펀드들이 포트폴리오에서 중국을 제외하는 전략을 채택하도록 유도했다.

하지만 중국은 세계에서 두 번째로 큰 경제대국이며, 아시아 태평양 지역 전체의 번영에 상당한 영향을 미치기 때문에 완전히 무시할 수는 없다.

중국은 2020년 후반부터 부동산발 경제 위기, 경제성장률 둔화, 위안화 가치 하락, 미국과 무역전쟁의 심화, 실업률 증가, 인구 감소 등 여러 문제에 직면해 있다.

특히 중국 부동산 시장의 붕괴는 중대한 문제로 부각되고 있다. 주요 개발업체들이 혼란에 빠졌으며, 중국의 부동산 그룹 헝다(에버그란데)의 파산 가능성은 경제에 큰 충격을 줬다.

많은 중국투자자들이 규제 개선, 투명성 증대, 상장기업의 질적 향상을 요구하고 있다. 중국 정부도 이런 문제를 해결하기 위해 강력한 부양책을 쓰고 있으니 조금 더 상황을 지켜보는 지혜가 필요해 보인다.

바이두(BIDU)

중국어 검색 엔진 바이두닷컴(Baidu.com)을 운영한다. 알고리즘 검색, 엔터프라이즈 검색, 이미지 검색, 뉴스 등을 제공하고 있다. 사업 부문은 검색 엔진을 운영하는 바이두 코어(Baidu Core)와 인터넷 비디오 스트리밍 서비스를 제공하는 아이치이(iQIYI)로 나뉜다.

| 바이두(BIDU) | (단위: 백만 달러)

손익계산서	2019.12.	2020.12.	2021.12.	2022.12.	2023.12(E).
매출액	15,345	16,372	19,452	17,744	18,877

	901	2,193	1,643	2,283	3,807
영업이익률	5.9%	13.4%	8.4%	12.9%	20.2%
순이익	294	3,436	1,598	1,085	3,126
순이익률	1.9%	21.0%	8.2%	6.1%	16.6%

(단위: 배)

가치평가	2019.12.	2020.12.	2021.12.	2022.12.	2023.12(E).
주가수익배수(PER)	149.04	21.76	32.34	36.78	10.14
주가순자산배수(PBR)	1.87	2.68	1.56	1.24	1.08
주가매출액배수(PSR)	2.85	4.57	2.66	2.25	0.02
주가현금흐름배수(PCR)	10.77	20.21	16.43	10.62	8
EV/EBITDA	22.48	13.50	12.83	12.08	4.43

(단위: 달러)

주당지표	2019.12.	2020.12.	2021.12.	2022.12.	2023.12(E).
주당순이익(EPS)	0.80	9.93	4.39	2.85	8.99
주당순자산(BPS)	67.09	81.80	95.84	92.20	100.65
주당배당금(DPS)	0	0	0	0	0

(단위: %)

수익성	2019.12.	2020.12.	2021.12.	2022.12.	2023.12(E).
자기자본이익률(ROE)	1.3	13.1	4.6	3.5	9.8
총자산이익률(ROA)	0.7	7.2	2.7	2.0	5.6
투하자본이익률(ROIC)	2.6	10.9	5.4	4.4	N/A

알리바바(BABA)

알리바바 그룹은 전자상거래, 소매, 인터넷 및 기술을 전문으로 하는 중국의 다국적 기술회사이다. 1999년 6월 28일 저장성 항저우에서 설립된 이 회사는 중국 및 글로벌 마켓플레이스와 현지 소비자, 디지털미디어 및 엔터테인먼트, 물류 및 클라우드 컴퓨팅 서비스를 통해 소비자 대 소비자(C2C), 기업 대 소비자(B2C), 기업 대 기업(B2B) 판매 서비스를 제공하고 있다. 2014년 9월 19일 뉴욕증권거래소에서 기업공개(IPO)를 통해 250억 달러를 조달하여 시장가치가 2,310억 달러에 달했으며, 이는 당시 세계 역사상 가장 큰 규모의 기업공개였다. 알리바바는 세계 최대 규모의 B2B(알리바바닷컴), C2C(타오바오), B2C(티몰) 마켓플레이스를 운영하고 있으며 매년 매출이 3배씩 증가하면서 미디어 산업으로 확장하고 있다.

| 알리바바(BABA) |

(단위: 백만 달러)

손익계산서	2020.03.	2021.03.	2022.03.	2023.03.	2024.03(E).
매출액	72,816	109,176	133,291	126,446	132,401
영업이익	13,061	13,650	10,881	14,607	23,216
영업이익률	17.9%	12.5%	8.2%	11.6%	17.5%
순이익	21,348	22,919	9,726	10,594	17,011.99
순이익률	29.3%	21.0%	7.3%	8.4%	12.8%

(단위: 배)

가치평가	2020.03.	2021.03.	2022.03.	2023.03.	2024.03(E).
주가수익배수(PER)	24.01	26.88	30.40	25.31	7.87
주가순자산배수(PBR)	4.74	4.31	1.99	1.85	1.18
주가매출액배수(PSR)	7.03	5.63	2.21	2.11	0.01
주가현금흐름배수(PCR)	19.84	17.43	13.20	9.19	7.93
EV/EBITDA	15.42	16.55	12.17	12.75	5.11

(단위: 달러)

주당지표	2020.03.	2021.03.	2022.03.	2023.03.	2024.03(E).
주당순이익(EPS)	7.99	8.33	3.55	3.99	6.79
주당순자산(BPS)	41.08	52.80	55.00	54.93	61.10
주당배당금(DPS)	0	0	0	0	0

(단위: %)

수익성	2020.03.	2021.03.	2022.03.	2023.03.	2024.03(E).
자기자본이익률(ROE)	22.8	17.0	6.4	7.5	12.9
총자산이익률(ROA)	12.4	9.8	3.6	4.2	7.2
투하자본이익률(ROIC)	36.8	26.8	10.7	9.5	N/A

코로나 19 이전으로 돌아가다

OECD는 2023년에 에너지 가격 하락과 공급망 압력의 약화로 인플레이션이 예상보다 빠르게 감소하면서 글로벌 성장이 놀라울 정도로 탄력적으로 회복되었다고 분석했다. 그러나 최근 지표에 따르면 성장세가 다소 둔화될 것으로 보인다. 추가적인 공급 충격이 없다면 대부분의 경제에서 수요 하락 압력으로 인해 헤드라인 및 근원 인플레이션이 더 감소할 것이며 2025년 말에는 대부분의 G20 국가에서 인플레이션이 목표치 수준으로 회복될 것으로 예상했다. 하지만 하마스의 이스라엘 테러 공격 이후 중동에서 계속되는 분쟁으로 지정학적 리스크는 여전히 높은 상태이다. 이로 인해 인플레이션이 추가로 상승하여 정책 금리가 장기간 더 상승할 경우 금융 자산 가격이 급격히 조정될 수 있다고 OECD는 전망했다.

이미 2023년도에 S&P500지수가 1년간 24.2%의 상승을 보였음에도 여전히 강세분위기가 강하다. 현재도 배런스가 설문조사한 자산운용사들 사이에서 강세전망 분위기가 보이고 있는데, 빅 머니 응답자의 약 38%가 향후 1년 동안의 주식 전망에 대해 낙관적이라고 답했다. 이는 배런스에서 스스로 약세라고 전망한 24%와 비교된다. 강세론자들은 2024년 말까지 S&P500지수가 14% 상승하고 다우존스 산업평균지수가 12% 상승할 것으로 예상했다.

월트 디즈니(DIS)

월트 디즈니가 창업한 미국의 종합 엔터테인먼트·미디어 회사다. 세계에서 가장 큰 할리우드 스튜디오를 가진 월트 디즈니사는 영화 제작 및 배급, TV네트워크와 케이블 채널 등의 방송 사업, 디즈니 관련 테마 파크와 체험, 관련 상품 제작 등 다양한 서비스와 상품을 제공한다.

미디어 네트워크와 관련해서는 디즈니, ESPN, FX, 내셔널지오그래픽, ABC 등을 통해 방송을 제작 및 배급한다. 마블 스튜디오, 월트 디즈니 애니메이션 스튜디오, 픽사, 월트 디즈니 픽처스, 루카스 필름, 터치스톤 픽처스 등의 영화 제작 및 배급 사업도 하고 있다. 사업 부문은 미디어 네트워크, 테마파크 및 리조트, 스튜디오 엔터테인먼트, 소비자 제품 등으로 구분된다.

| 월트 디즈니(DIS) |

(단위: 백만 달러)

손익계산서	2020.10.	2021.10.	2022.10.	2023.09.	2024.09(E).
매출액	65,388	67,418	82,722	88,898	92,186
영업이익	−1,941	3,005	6,533	5,100	13,996
영업이익률	−3.0%	4.5%	7.9%	5.7%	15.2%
순이익	−2,864	1,995	3,145	2,354	6,605
순이익률	−4.4%	3.0%	3.8%	2.6%	7.2%

(단위: 배)

가치평가	2020.10.	2021.10.	2022.10.	2023.09.	2024.09(E).
주가수익배수(PER)	−77.32	160.32	54.68	63.00	20.91
주가순자산배수(PBR)	2.65	3.61	1.81	1.49	1.54
주가매출액배수(PSR)	3.39	4.74	2.08	1.67	0.02
주가현금흐름배수(PCR)	29.07	57.45	28.61	15.03	0.02
EV/EBITDA	56.25	42.12	18.42	17.85	11.08

(단위: 달러)

주당지표	2020.10.	2021.10.	2022.10.	2023.09.	2024.09(E).
주당순이익(EPS)	−1.59	1.09	1.72	1.29	3.60
주당순자산(BPS)	46.23	48.76	52.15	54.31	58.51
주당배당금(DPS)	0.88	0	0	0	0.7

(단위: %)

수익성	2020.10.	2021.10.	2022.10.	2023.09.	2024.09(E).
자기자본이익률(ROE)	−3.3	2.3	3.4	2.4	7.04
총자산이익률(ROA)	−1.4	1.0	1.5	1.2	4.57
투하자본이익률(ROIC)	−0.8	3.8	7.4	5.8	N/A

유나이티드 렌탈(URI)

산업 전반에 필요한 각종 장비를 임대해주는 기업이다. 건설, 항공 및 산업 장비, 일반 공구, 조명 장비, 트렌치 안전 장비, HVAC 장비 등을 임대 및 판매한다. 사업 부문은 일반 임대, 트렌치, 동력 및 펌프로 구분된다. 주로 건설 및 산업 회사, 제조업체, 공공시설, 지방자치단체, 주택 소유자, 정부기관에 서비스를 제공한다.

| 유나이티드 렌탈(URI) | | | | | (단위: 백만 달러) |

손익계산서	2019.12.	2020.12.	2021.12.	2022.12.	2023.12(E).
매출액	9,351	8,530	9,716	11,642	14,256
영업이익	2,152	1,800	2,277	3,232	3,965
영업이익률	23.0%	21.1%	23.4%	27.8%	27.8%
순이익	1,174	890	1,386	2,105	2,474
순이익률	12.6%	10.4%	14.3%	18.1%	17.4%

(단위: 배)

가치평가	2019.12.	2020.12.	2021.12.	2022.12.	2023.12(E).
주가수익배수(PER)	10.68	18.80	17.36	11.70	13.88
주가순자산배수(PBR)	3.27	3.68	4.02	3.49	4.65
주가매출액배수(PSR)	1.34	1.96	2.48	2.12	0.03
주가현금흐름배수(PCR)	4.14	6.29	6.52	5.56	7.84
EV/EBITDA	5.87	7.15	8.10	6.42	7.17

(단위: 달러)

주당지표	2019.12.	2020.12.	2021.12.	2022.12.	2023.12(E).
주당순이익(EPS)	15.11	12.20	19.04	29.65	35.99
주당순자산(BPS)	50.96	63.01	82.76	101.89	120.29
주당배당금(DPS)	0	0	0	0	5.92

(단위: %)

수익성	2019.12.	2020.12.	2021.12.	2022.12.	2023.12(E).
자기자본이익률(ROE)	32.8	21.9	26.0	33.0	37.2
총자산이익률(ROA)	6.2	4.9	7.1	9.7	10.5
투하자본이익률(ROIC)	9.6	8.6	10.8	13.6	N/A

인공지능이 지배한다

 알아두세요

**아크인베스트
(ARK Investment)**
플로리다 주 세인트피터스버그에 본사를 둔 미국 투자관리회사로, 여러 상장지수 펀드를 관리한다. 2014년 캐시 우드(Cathie Wood)가 설립했다.

투자회사 아크인베스트에 의하면 2036년 딥 러닝 시장 규모는 17조 달러로 글로벌 자산시장의 6.44%를 차지하며 앞으로도 기하급수적으로 증가할 것으로 전망된다. 또한 AI 어시스턴트 사용자도 3억 명에서 18억 명으로 크게 늘어날 것으로 보인다.

경영컨설팅회사 맥킨지에 따르면 2020년 코로나19 발생 후 세계 상위 기업의 61%는 AI 개발을 늘렸다. 그중 AI 개발에 투자비용을 가장 많이 늘린 산업군은 헬스케어(44%)와 자동설비(42%)다. 이 분야에서는 기업들의 AI 개발 확대가 매출과 영업이익의 증가와 직결되기 때문이다.

알파벳(GOOGL)

인터넷 미디어 대기업인 구글(GOOGL)을 완전 소유 자회사로 둔 지주회사다. 구글이 회사 매출의 99%를 담당하고 있으며, 그중 85% 이상이 온라인 광고에서 발생한다. 이 외에도 구글 플레이(Google Play) 및 유튜브를 통한 앱 및 콘텐츠 판매, 클라우드 서비스 수수료와 기타 라이센스로부터 수익을 얻는다. 또한 구글 피버(Google Fiber)의 가정용 초고속인터넷 접속 서비스와 웨이모(Waymo)의 자율주행차 프로젝트와 같은 다양한 분야에 참여하고 있다.

| 알파벳(GOOGL) | | | | | (단위: 백만 달러) |

손익계산서	2019.12.	2020.12.	2021.12.	2022.12.	2023.12(E).
매출액	161,857	182,527	257,637	282,836	305,703
영업이익	34,231	41,224	78,714	74,842	84,970
영업이익률	21.1%	22.6%	30.6%	26.5%	27.8%
순이익	34,343	40,269	76,033	59,972	73,085
순이익률	21.2%	22.1%	29.5%	21.2%	23.9%

가치평가	2019.12.	2020.12.	2021.12.	2022.12.	2023.12(E).
주가수익배수(PER)	26.90	29.44	25.29	19.04	24.86
주가순자산배수(PBR)	4.59	5.33	7.64	4.46	6.18
주가매출액배수(PSR)	5.71	6.50	7.46	4.04	0.03
주가현금흐름배수(PCR)	16.94	18.20	20.98	12.48	5.21
EV/EBITDA	17.89	19.23	18.60	13.09	14.1

(단위: 달러)

주당지표	2019.12.	2020.12.	2021.12.	2022.12.	2023.12(E).
주당순이익(EPS)	2.46	2.93	5.61	4.56	5.74
주당순자산(BPS)	14.60	16.45	18.96	19.79	23.08
주당배당금(DPS)	0	0	0	0	0

(단위: %)

수익성	2019.12.	2020.12.	2021.12.	2022.12.	2023.12(E).
자기자본이익률(ROE)	17.8	19.0	31.6	23.5	27.0
총자산이익률(ROA)	13.2	13.8	22.2	16.7	20.1
투하자본이익률(ROIC)	20.2	21.7	34.9	26.3	N/A

테슬라(TSLA)

전기 자동차(EV), 에너지 생성 및 저장 시스템, 태양열 전기 등을 생산하는 테슬라는 세계 최초로 수직적 통합을 이룬 지속 가능한 에너지 회사다. 이 회사는 생성부터 저장, 최종 소비에 이르기까지 모든 단계에서 환경 친화적인 제품을 생산한다.

 알아두세요

수직적 통합

기업의 비용 절감과 새로운 수익 창출을 가능케 하는 전략 옵션으로, 예를 들어 재생에너지 발전·저장·활용과 배터리부터 소프트웨어까지 모든 분야의 단계를 통합하는 과정을 말한다.

| 테슬라(TSLA) |

(단위: 백만 달러)

손익계산서	2019.12.	2020.12.	2021.12.	2022.12.	2023.12(E).
매출액	24,578	31,536	53,823	81,462	97,333
영업이익	−69	1,994	6,523	13,656	10,375
영업이익률	−0.3%	6.3%	12.1%	16.8%	10.7%
순이익	−862	721	5,519	12,556	9,118
순이익률	−3.5%	2.3%	10.3%	15.4%	9.4%

가치평가	2019.12.	2020.12.	2021.12.	2022.12.	2023.12(E).
주가수익배수(PER)	−87.47	927.75	192.30	30.98	69.49
주가순자산배수(PBR)	11.39	30.10	35.16	8.70	13.29
주가매출액배수(PSR)	3.07	21.21	19.72	4.78	0.07
주가현금흐름배수(PCR)	31.35	112.55	92.31	26.42	49.17
EV/EBITDA	39.85	163.63	110.88	21.16	42.92

(단위: 달러)

주당지표	2019.12.	2020.12.	2021.12.	2022.12.	2023.12(E).
주당순이익(EPS)	−0.33	0.21	1.63	3.62	2.65
주당순자산(BPS)	2.49	7.94	10.20	14.28	16.48
주당배당금(DPS)	0	0	0	0	0

(단위: %)

수익성	2019.12.	2020.12.	2021.12.	2022.12.	2023.12(E).
자기자본이익률(ROE)	−15.0	5.0	21.0	32.4	18.5
총자산이익률(ROA)	−2.7	1.7	9.7	17.2	6.5
투하자본이익률(ROIC)	−0.2	5.8	21	39.9	N/A

우주항공산업이 미래다

 알아두세요

모건스탠리(Morgan Stanley)
광범위한 투자은행, 증권, 자산관리 및 투자관리서비스를 제공하는 선도적인 글로벌 금융서비스 회사로, 42개국에 지사를 두고 기업, 정부 기관을 비롯한 전 세계 고객에게 서비스를 제공하고 있다.

미국의 다국적 금융 서비스 회사 모건스탠리에 따르면 2020년 3,500억 달러였던 글로벌 우주 시장 매출규모는 2040년 1조 달러 이상 증가할 것이라고 한다.

2009~2018년 전체 인공위성 숫자는 2,298대였고, 2019~2028년까지 9,935대로 증가할 것으로 전망된다. 인공위성의 61%는 인터넷과 사물인터넷(IoT)시장에, 27%는 지구의 환경 및 국경 관측에 사용 중이다.

우주항공산업은 창조적 파괴가 활발히 일어나고 있는 분야이기도 하다. 초고속 인터넷 시장도 지각변동이 불가피할 것으로 보이며, 방위산업도 갈수록 무인 기술과 인공지능이 결합된 새로운 생태계로 확대될 것이다.

보잉(BA)

세계 최대 항공기 제작 및 방위 사업체다. 회사는 상업용 비행기, 방위, 우주 및 보안, 글로벌 서비스, 보잉 캐피탈의 네 부문으로 운영된다.

| 보잉(BA) | | | | | (단위: 백만 달러) |

손익계산서	2019.12.	2020.12.	2021.12.	2022.12.	2023.12(E).
매출액	76,559	58,158	62,286	66,608	76,623
영업이익	-2,666	-12,969	-3,179	-3,553	-954
영업이익률	-3.5%	-22.3%	-5.1%	-5.3%	-1.2%
순이익	-636	-11,873	-4,202	-4,935	-3,593
순이익률	-0.8%	-20.4%	-6.7%	-7.4%	-4.7%

(단위: 배)

가치평가	2019.12.	2020.12.	2021.12.	2022.12.	2023.12(E).
주가수익배수(PER)	-288.26	-10.18	-28.16	-23.01	-35.35
주가순자산배수(PBR)	N/A	N/A	N/A	N/A	-7.77
주가매출액배수(PSR)	2.40	2.08	1.90	1.70	0.02
주가현금흐름배수(PCR)	-74.95	-6.56	-34.64	32.33	43.43
EV/EBITDA	270.06	-17.11	-1,436.73	-401.16	140.53

(단위: 달러)

주당지표	2019.12.	2020.12.	2021.12.	2022.12.	2023.12(E).
주당순이익(EPS)	-1.12	-20.88	-7.15	-8.30	-6.16
주당순자산(BPS)	-15.31	-32.45	-25.52	-26.65	-28.03
주당배당금(DPS)	8.22	2.06	0	0	0

(단위: %)

수익성	2019.12.	2020.12.	2021.12.	2022.12.	2023.12(E).
자기자본이익률(ROE)	N/A	N/A	N/A	N/A	19.6
총자산이익률(ROA)	-0.5	-7.7	-2.9	-3.6	-2.5
투하자본이익률(ROIC)	-4	-12.9	-2.2	-2.8	N/A

록히드 마틴(LMT)

보안 및 항공우주산업을 다루는 세계 최고 전투기 제작사이자 첨단기술 회사다. 2001년 F-35 프로그램에 계약자로 선정된 후부터 전 세계 최대 규모의 방위 산업 청부업체이자, 차세대 전투기의 확실한 리더로 자리 잡았다. 항공, 미사일 및 사격 통제(MFC), 로터리 및 미션 시스템(RMS), 우주의 네 부분에서 사업을 전개하고 있다.

| 록히드 마틴(LMT) | | | | | (단위: 백만 달러) |

손익계산서	2019.12.	2020.12.	2021.12.	2022.12.	2023.12(E).
매출액	59,812	65,398	67,044	65,984	66,637
영업이익	8,367	8,654	9,061	8,287	8,525
영업이익률	14.0%	13.2%	13.5%	12.6%	12.8%
순이익	6,230	6,833	6,315	5,732	6,839
순이익률	10.4%	10.4%	9.4%	8.7%	10.3%

(단위: 배)

가치평가	2019.12.	2020.12.	2021.12.	2022.12.	2023.12(E).
주가수익배수(PER)	17.63	14.54	15.52	22.24	17.02
주가순자산배수(PBR)	35.12	16.51	8.94	13.76	16.05
주가매출액배수(PSR)	1.84	1.52	1.46	1.93	0.02
주가현금흐름배수(PCR)	15.02	12.14	10.63	16.34	14.25
EV/EBITDA	13.31	10.78	11.28	15.68	13.14

(단위: 달러)

주당지표	2019.12.	2020.12.	2021.12.	2022.12.	2023.12(E).
주당순이익(EPS)	21.95	24.30	22.76	21.66	27.21
주당순자산(BPS)	11.09	21.50	39.74	35.36	28.86
주당배당금(DPS)	9	9.80	10.6	11.4	12.16

(단위: %)

수익성	2019.12.	2020.12.	2021.12.	2022.12.	2023.12(E).
자기자본이익률(ROE)	202.0	150.5	75.6	53.7	85.4
총자산이익률(ROA)	13.0	13.6	12.2	11.0	12.8
투하자본이익률(ROIC)	25.6	28.2	25.3	22.2	N/A

 알아두세요

나스닥100지수

금융과 에너지 업종을 빼고 본연의 첨단기업 위주 기술주만 모아 놓은 지수라고 보면 된다. 기술주 위주의 투자를 선호하는, 즉 성장하는 기업들에 관심이 큰 투자자를 위한 지수다.

2023년 말 기준 나스닥100지수에 편입되어 있지는 않지만, 언제라도 편입이 기대되는 유망주 14종목을 소개한다.

1. 크라우드스트라이크 홀딩스(CRWD)

미국에서 보안 솔루션을 개발하는 회사다. 랩톱, 데스크톱, 서버, 가상 시스템, 사물인터넷 장치에서 쓰이는 클라우드 기반 보안 솔루션 플랫폼을 개발한다.

| 크라우드스트라이크 홀딩스(CRWD) | (단위: 백만 달러) |

손익계산서	2020.01.	2021.01.	2022.01.	2023.01.	2024.01(E).
매출액	481	874	1,452	2,241	3,049
영업이익	-146	-93	-143	-190	635
영업이익률	-30.3%	-10.6%	-9.8%	-8.5%	20.8%
순이익	-142	-93	-235	-183	64
순이익률	-29.5%	-10.6%	-16.2%	-8.2%	2.1%

(단위: 배)

가치평가	2020.01.	2021.01.	2022.01.	2023.01.	2024.01(E).
주가수익배수(PER)	-88.57	-515.48	-176.44	-135.46	95.99

주가순자산배수(PBR)	16.92	54.85	40.39	16.96	30.31
주가매출액배수(PSR)	26.08	54.61	28.54	11.08	0.22
주가현금흐름배수(PCR)	125.64	133.91	72.08	26.38	65.61
EV/EBITDA	-101.99	-1218.04	-679.51	-716.52	86.09

(단위: 달러)

주당지표	2020.01.	2021.01.	2022.01.	2023.01.	2024.01(E).
주당순이익(EPS)	-0.96	-0.43	-1.03	-0.79	0.26
주당순자산(BPS)	5.01	4.00	4.52	6.28	9.35
주당배당금(DPS)	0	0	0	0	0

(단위: %)

수익성	2020.01.	2021.01.	2022.01.	2023.01.	2024.01(E).
자기자본이익률(ROE)	-33.3	-11.5	-25.2	-14.4	32.3
총자산이익률(ROA)	-13.2	-4.9	-7.3	-4.2	9.9
투하자본이익률(ROIC)	-64.2	-64.4	-27.4	-26.3	N/A

2. 트레이드 데스크(TTD)

광고 구매자들을 위해 설계된 기술 플랫폼을 제공하는 회사다. 고객이 자신의 팀을 이용하여 데이터 기반의 디지털 광고 캠페인을 구매하고 관리할 수 있도록 셀프 서비스 플랫폼을 제공한다.

| 트레이드 데스크(TTD) |

(단위: 백만 달러)

손익계산서	2019.12.	2020.12.	2021.12.	2022.12.	2023.12(E).
매출액	661	836	1,196	1,578	1,923
영업이익	112	144	125	114	178
영업이익률	17.0%	17.2%	10.4%	7.2%	9.2%
순이익	108	242	138	53	176
순이익률	16.4%	29.0%	11.5%	3.4%	9.2%

(단위: 배)

가치평가	2019.12.	2020.12.	2021.12.	2022.12.	2023.12(E).
주가수익배수(PER)	108.25	155.25	319.72	411.07	52.64
주가순자산배수(PBR)	19.14	37.13	28.84	10.37	14.29
주가매출액배수(PSR)	17.74	45.00	36.81	13.91	0.17
주가현금흐름배수(PCR)	194.75	92.87	116.36	39.99	56.32
EV/EBITDA	75.68	182.78	212.85	99.54	41.57

(단위: 달러)

주당지표	2019.12.	2020.12.	2021.12.	2022.12.	2023.12(E).
주당순이익(EPS)	0.23	0.49	0.28	0.11	0.35
주당순자산(BPS)	1.38	2.19	3.20	4.34	4.69
주당배당금(DPS)	0	0	0	0	0

(단위: %)

수익성	2019.12.	2020.12.	2021.12.	2022.12.	2023.12(E).
자기자본이익률(ROE)	20.9	29.6	10.8	2.9	18.7
총자산이익률(ROA)	7.9	11.4	4.6	1.4	8.7
투하자본이익률(ROIC)	17.6	13.4	9.8	8.1	N/A

3. 로쿠(ROKU)

미국에서 TV 스트리밍 플랫폼을 운영하는 회사다. 스포츠, 음악, 뉴스 등 다양한 영화와 TV 에피소드를 검색하고 볼 수 있는 TV 스트리밍 플랫폼을 제공한다.

| 로쿠(ROKU) |

(단위: 백만 달러)

손익계산서	2019.12.	2020.12.	2021.12.	2022.12.	2023.12(E).
매출액	1,129	1,778	2,765	3,127	3,452
영업이익	-65	-20	235	-531	-759
영업이익률	-5.8%	-1.1%	8.5%	-17.0%	-22.0%

순이익	-60	-18	242	-498	-703
순이익률	-5.3%	-1.0%	8.8%	-15.9%	-20.4%

(단위: 배)

가치평가	2019.12.	2020.12.	2021.12.	2022.12.	2023.12(E).
주가수익배수(PER)	-262.53	-2,407.25	126.50	-11.38	-16.91
주가순자산배수(PBR)	22.53	31.73	11.08	2.14	5.35
주가매출액배수(PSR)	13.94	23.70	11.09	1.81	0.04
주가현금흐름배수(PCR)	1,147.98	284.39	134.43	480.57	170.4
EV/EBITDA	-878.05	573.87	70.86	-28.94	-261.87

(단위: 달러)

주당지표	2019.12.	2020.12.	2021.12.	2022.12.	2023.12(E).
주당순이익(EPS)	-0.52	-0.14	1.71	-3.62	-5.09
주당순자산(BPS)	6.06	10.71	20.85	19.22	16.07
주당배당금(DPS)	0	0	0	0	0

(단위: %)

수익성	2019.12.	2020.12.	2021.12.	2022.12.	2023.12(E).
자기자본이익률(ROE)	-12.1	-1.7	9.3	-18.1	-36.1
총자산이익률(ROA)	-6.3	-0.9	6.4	-11.5	-27.9
투하자본이익률(ROIC)	-13.3	-1.7	20.7	-29.2	N/A

4. 지스케일러(ZS)

사용자의 기기 및 데이터를 보호하기 위해 클라우드 솔루션을 제공하는 서비스형 보안 회사다. 항공 및 운송, 대기업, 소비재 및 소매, 금융 서비스, 의료, 제조, 미디어 및 통신, 공공 부문 및 교육, 기술 및 통신 서비스 등 다양한 산업 서비스를 제공한다.

손익계산서	2020.07.	2021.07.	2022.07.	2023.07.	2024.07(E).
매출액	431	673	1,091	1,617	2,095
영업이익	-114	-208	-327	-235	332
영업이익률	-26.4%	-30.9%	-30.0%	-14.5%	15.8%
순이익	-115	-262	-390	-202	-151
순이익률	-26.7%	-38.9%	-35.8%	-12.5%	-7.2%

(단위: 배)

가치평가	2020.07.	2021.07.	2022.07.	2023.07.	2024.07(E).
주가수익배수(PER)	-147.22	-123.33	-56.36	-115.64	93.24
주가순자산배수(PBR)	34.96	61.10	38.37	32.27	32.41
주가매출액배수(PSR)	39.30	48.01	20.16	14.47	0.22
주가현금흐름배수(PCR)	213.67	159.95	68.33	50.61	0.16
EV/EBITDA	-230.92	-226.61	-88.93	-303.10	74.64

(단위: 달러)

주당지표	2020.07.	2021.07.	2022.07.	2023.07.	2024.07(E).
주당순이익(EPS)	-0.89	-1.93	-2.77	-1.40	-1.00
주당순자산(BPS)	3.75	3.90	4.07	5.00	7.12
주당배당금(DPS)	0	0	0	0	0

(단위: %)

수익성	2020.07.	2021.07.	2022.07.	2023.07.	2024.07(E).
자기자본이익률(ROE)	-31.7	-51.6	-71.8	-35.4	43.79
총자산이익률(ROA)	-11.9	-12.9	-15.5	-6.4	3.79
투하자본이익률(ROIC)	-14.2	-9.2	-17	-9.9	N/A

5. 포티넷(FTNT)

네트워크 보안 솔루션 회사다. 방화벽, 무선랜(WLAN), 스위칭, 애플리케이션 보안, 가상시설망(VPN), 안티 바이러스, 침입 방지(IPS), 웹 필터링 등 업계에서 가장 광범위한 보안 기술을 서비스한다. 통신, 기술, 정부, 금융, 교육, 소매, 제조, 의료 등 다양한 산업 분야의 기업과 기관에 제품을 제공한다.

| 포티넷(FTNT) |

(단위: 백만 달러)

손익계산서	2019.12.	2020.12.	2021.12.	2022.12.	2023.12(E).
매출액	2,163	2,594	3,342	4,417	5,301
영업이익	351	532	650	970	1,441
영업이익률	16.2%	20.5%	19.5%	21.9%	27.2%
순이익	332	489	607	857	1,237
순이익률	15.3%	18.8%	18.2%	19.4%	23.3%

(단위: 배)

가치평가	2019.12.	2020.12.	2021.12.	2022.12.	2023.12(E).
주가수익배수(PER)	55.05	49.36	96.84	44.55	40.05
주가순자산배수(PBR)	13.60	28.17	75.17	N/A	118.26
주가매출액배수(PSR)	8.44	9.29	17.58	8.65	0.09
주가현금흐름배수(PCR)	22.60	22.25	39.18	22.07	26.01
EV/EBITDA	38.17	38.05	80.42	37.83	29.94

(단위: 달러)

주당지표	2019.12.	2020.12.	2021.12.	2022.12.	2023.12(E).
주당순이익(EPS)	0.38	0.58	0.73	1.06	1.56
주당순자산(BPS)	1.57	1.04	0.96	−0.36	0.53
주당배당금(DPS)	0	0	0	0	0

(단위: %)

수익성	2019.12.	2020.12.	2021.12.	2022.12.	2023.12(E).
자기자본이익률(ROE)	28.1	73.8	61.7	N/A	242.1
총자산이익률(ROA)	9.5	13.8	10.7	15.2	16.0
투하자본이익률(ROIC)	41.1	59.4	23.7	34.5	N/A

6. 아스트라제네카(AZN)

스웨덴의 아스트라AB와 영국의 제네카가 합병하여 탄생한 다국적 제약회사다. 종양학, 심혈관, 신장 및 신진대사, 호흡기, 자가면역학, 감염, 신경과학, 위장병학 등 다양한 의학 분야에서 치료제를 발견, 개발, 상용화한다. 주력 제품으로는 콜레스테롤을 낮추는 치료제 크레스토(Crestor)와 심혈관 치료제 브릴린타(Brilinta)가 있으며, 핵심 시장은 미국과 유럽이다. 코로나 백신 업체로 우리에게 잘 알려진 기업이다.

아스트라제네카(AZN)					(단위: 백만 달러)
손익계산서	2019.12.	2020.12.	2021.12.	2022.12.	2023.12(E).
매출액	24,384	26,617	37,417	44,351	45,819
영업이익	2,924	5,162	1,056	3,757	13,089
영업이익률	12.0%	19.4%	2.8%	8.5%	28.6%
순이익	1,335	3,196	112	3,288	6,684
순이익률	5.5%	12.0%	0.3%	7.4%	14.6%

					(단위: 배)
가치평가	2019.12.	2020.12.	2021.12.	2022.12.	2023.12(E).
주가수익배수(PER)	96.88	41.04	1,556.11	63.84	18.7
주가순자산배수(PBR)	9.85	8.40	4.44	5.67	5.27
주가매출액배수(PSR)	5.30	4.93	4.66	4.73	0.05
주가현금흐름배수(PCR)	43.56	27.33	29.23	21.40	N/A
EV/EBITDA	20.95	17.27	26.33	25.18	14.31

					(단위: 달러)
주당지표	2019.12.	2020.12.	2021.12.	2022.12.	2023.12(E).
주당순이익(EPS)	0.52	1.22	0.04	1.06	4.37
주당순자산(BPS)	5.05	5.95	13.85	11.96	25.26
주당배당금(DPS)	1.4	1.4	1.4	1.45	2.26

수익성	2019.12.	2020.12.	2021.12.	2022.12.	2023.12(E).
자기자본이익률(ROE)	10.8	25.1	0.4	9.1	23.0
총자산이익률(ROA)	2.2	5.2	0.1	3.4	7.0
투하자본이익률(ROIC)	12.3	20.7	2.9	10.2	N/A

7. 올드 도미년 프레이트 라인(ODFL)

지상 및 항공 운송과 가정 픽업 및 배송 서비스를 제공하는 자동차 운송 업체다. 수입의 90% 이상이 화물의 크기가 크거나 무게가 무거울 때 사용하는 LTL(Less-Than-Lruckload) 사업에서 나온다.

| 올드 도미년 프레이트 라인(ODFL) | （단위: 백만 달러）

손익계산서	2019.12.	2020.12.	2021.12.	2022.12.	2023.12(E).
매출액	4,109	4,015	5,256	6,260	5,869
영업이익	819	907	1,392	1,841	1,638
영업이익률	19.9%	22.6%	26.5%	29.4%	27.9%
순이익	616	673	1,034	1,377	1,229
순이익률	15.0%	16.8%	19.7%	22.0%	20.9%

（단위: 배）

가치평가	2019.12.	2020.12.	2021.12.	2022.12.	2023.12(E).
주가수익배수(PER)	24.61	34.04	39.85	22.77	34.83
주가순자산배수(PBR)	4.92	6.89	11.20	8.58	10.56
주가매출액배수(PSR)	3.69	5.70	7.84	5.01	0.07
주가현금흐름배수(PCR)	15.40	24.54	33.99	18.53	26.74
EV/EBITDA	13.66	19.22	24.61	14.63	21.75

（단위: 달러）

주당지표	2019.12.	2020.12.	2021.12.	2022.12.	2023.12(E).
주당순이익(EPS)	5.10	5.68	8.89	12.18	11.17

주당순자산(BPS)	25.58	28.25	31.82	32.52	36.83
주당배당금(DPS)	0.45	0.60	0.8	1.2	1.49

(단위: %)

수익성	2019.12.	2020.12.	2021.12.	2022.12.	2023.12(E).
자기자본이익률(ROE)	21.3	21.5	30.2	38.6	33.3
총자산이익률(ROA)	16.0	16.2	22.6	28.7	23.6
투하자본이익률(ROIC)	25.9	26.6	36.9	45.1	N/A

8. 테이크-투 인터랙티브 소프트웨어(TTWO)

스포츠 게임인 NBA 2k 시리즈를 개발한 미국의 유명 게임회사다. 록스타 게임즈와 2K 브랜드를 통해 다양한 장르의 게임을 개발 및 출시한다. 콘솔 시스템, 스마트폰 및 태블릿, PC 등 다양한 버전으로 게임을 제공하고 있다.

| 테이크-투 인터랙티브 소프트웨어(TTWO) |

(단위: 백만 달러)

손익계산서	2020.03.	2021.03.	2022.03.	2023.03.	2024.03(E).
매출액	3,089	3,373	3,505	5,350	5,488
영업이익	425	629	474	−1,165	754
영업이익률	13.8%	18.7%	13.5%	−21.8%	13.7%
순이익	404	589	418	−1,125	−772
순이익률	13.1%	17.5%	11.9%	−21.0%	−14.1%

(단위: 배)

가치평가	2020.03.	2021.03.	2022.03.	2023.03.	2024.03(E).
주가수익배수(PER)	33.26	34.56	42.45	−17.89	51.36
주가순자산배수(PBR)	5.30	6.11	4.66	2.23	3.21
주가매출액배수(PSR)	4.36	6.03	5.06	3.76	0.05
주가현금흐름배수(PCR)	19.62	22.31	68.78	18,293.52	41.78
EV/EBITDA	17.54	20.03	22.83	−29.53	33.45

(단위: 달러)

주당지표	2020.03.	2021.03.	2022.03.	2023.03.	2024.03.(E).
주당순이익(EPS)	3.54	5.09	3.58	-7.03	-4.78
주당순자산(BPS)	22.39	28.93	33.01	53.61	50.30
주당배당금(DPS)	0	0	0	0	0

(단위: %)

수익성	2020.03.	2021.03.	2022.03.	2023.03.	2024.03.(E).
자기자본이익률(ROE)	17.6	19.6	11.5	-11.9	6.1
총자산이익률(ROA)	8.5	10.2	6.5	-6.6	-0.3
투하지본이익률(ROIC)	316.7	154	51.7	44.5	N/A

9. 데이터독(DDOG)

개발자, 정보 기술 운영 팀 및 비즈니스 사용자를 위한 모니터링 및 소프트웨어 솔루션을 제공하는 회사다.

| 데이터독(DDOG) |

(단위: 백만 달러)

손익계산서	2019.12.	2020.12.	2021.12.	2022.12.	2023.12.(E).
매출액	363	603	1,029	1,675	2,106
영업이익	-20	-14	-19	-59	456
영업이익률	-5.6%	-2.3%	-1.9%	-3.5%	21.6%
순이익	-17	-25	-21	-50	11
순이익률	-4.6%	-4.1%	-2.0%	-3.0%	0.5%

(단위: 배)

가치평가	2019.12.	2020.12.	2021.12.	2022.12.	2023.12.(E).
주가수익배수(PER)	-668.85	-1,221.26	-2,678.87	-465.32	80.23
주가순자산배수(PBR)	14.29	31.31	53.37	16.55	21.76
주가매출액배수(PSR)	30.81	49.68	54.02	13.93	0.19
주가현금흐름배수(PCR)	461.19	274.80	193.94	55.78	70.57
EV/EBITDA	1,278.29	806.12	1,311.46	691.96	78.42

주당지표	2019.12.	2020.12.	2021.12.	2022.12.	2023.12(E).
주당순이익(EPS)	−0.12	−0.08	−0.07	−0.16	0.04
주당순자산(BPS)	5.59	3.19	3.37	4.47	5.65
주당배당금(DPS)	0	0	0	0	0

수익성	2019.12.	2020.12.	2021.12.	2022.12.	2023.12(E).
자기자본이익률(ROE)	−4.7	−2.7	−2.2	−4.0	29.6
총자산이익률(ROA)	−2.7	−1.5	−1.0	−1.8	12.7
투하자본이익률(ROIC)	−11.4	0.5	0.1	−0.9	N/A

10. 가민(GRMN)

GPS(Global Positioning System)를 기반으로 하는 장비 제조업체다. 액션 카메라, 내비게이션, 기상 레이더, 웨어러블 장치, 휴대용 기기, 어군 탐지기 등을 제작하며, 이 제품들은 자동차, 항공, 해양, 피트니스 등에 사용된다.

| 가민(GRMN) |

손익계산서	2019.12.	2020.12.	2021.12.	2022.12.	2023.12(E).
매출액	3,758	4,187	4,983	4,860	5,160
영업이익	946	1,054	1,219	1,028	1,022
영업이익률	25.2%	25.2%	24.5%	21.1%	19.8%
순이익	952	992	1,082	974	1,010
순이익률	25.3%	23.7%	21.7%	20.0%	19.6%

가치평가	2019.12.	2020.12.	2021.12.	2022.12.	2023.12(E).
주가수익배수(PER)	20.49	23.17	23.90	18.17	23.51
주가순자산배수(PBR)	4.07	4.17	4.23	2.85	3.68

주가매출액배수(PSR)	5.19	5.49	5.19	3.64	0.05
주가현금흐름배수(PCR)	27.94	20.25	25.55	22.44	19.19
EV/EBITDA	16.99	17.74	17.84	13.60	18.14

(단위: 달러)

주당지표	2019.12.	2020.12.	2021.12.	2022.12.	2023.12(E).
주당순이익(EPS)	4.99	5.17	5.61	5.04	5.27
주당순자산(BPS)	24.20	28.84	31.79	32.37	33.68
주당배당금(DPS)	2.24	2.4	2.62	2.86	2.945

(단위: %)

수익성	2019.12.	2020.12.	2021.12.	2022.12.	2023.12(E).
자기자본이익률(ROE)	21.6	19.6	18.6	16.1	15.4
총자산이익률(ROA)	16.8	15.4	14.5	12.6	12.1
투하자본이익률(ROIC)	30.7	31.9	31.6	23.7	N/A

11. 지브라 테크놀로지스(ZBRA)

전 세계 시장을 대상으로 다양한 자동식별 및 데이터 캡처(AIDC) 제품을 설계, 제조 및 판매하는 기업이다. 모바일 컴퓨팅 제품, 바코드 스캐너, RFID 판독기, 바코드 라벨링 및 개인 식별용 특수 프린터 등 자동식별 및 데이터 캡처 시장을 위한 대규모 제품군을 설계한다.

| 지브라 테크놀로지스(ZBRA) |

(단위: 백만 달러)

손익계산서	2019.12.	2020.12.	2021.12.	2022.12.	2023.12(E).
매출액	4,485	4,448	5,627	5,781	4,574
영업이익	693	651	979	529	668
영업이익률	15.5%	14.6%	17.4%	9.2%	14.6%
순이익	544	504	837	463	321
순이익률	12.1%	11.3%	14.9%	8.0%	7.0%

(단위: 배)

가치평가	2019.12.	2020.12.	2021.12.	2022.12.	2023.12(E).
주가수익배수(PER)	25.32	40.66	38.00	28.59	25.68
주가순자산배수(PBR)	7.49	9.56	10.66	4.84	4.13
주가매출액배수(PSR)	3.07	4.61	5.65	2.29	0.03
주가현금흐름배수(PCR)	20.11	21.30	29.76	27.13	24.08
EV/EBITDA	17.82	28.30	28.11	21.34	18.15

(단위: 달러)

주당지표	2019.12.	2020.12.	2021.12.	2022.12.	2023.12(E).
주당순이익(EPS)	9.97	9.35	15.52	8.80	6.21
주당순자산(BPS)	34.11	40.21	55.84	52.94	60.26
주당배당금(DPS)	0	0	0	0	0

(단위: %)

수익성	2019.12.	2020.12.	2021.12.	2022.12.	2023.12(E).
자기자본이익률(ROE)	33.2	26.5	31.0	17.1	15.6
총자산이익률(ROA)	11.6	10.2	14.5	6.5	6.2
투하자본이익률(ROIC)	32.2	38.9	65.9	20.1	N/A

12. 테라다인(TER)

반도체, 무선 제품, 데이터 저장 및 전자 시스템에 필요한 자동 테스트 시스템을 설계, 개발 및 제조하는 회사다. 서비스 범위는 무선 제품부터 자동차, 통신, 항공우주 및 방위산업에 이르기까지 광범위하다.

| 테라다인(TER) |

(단위: 백만 달러)

손익계산서	2019.12.	2020.12.	2021.12.	2022.12.	2023.12(E).
매출액	2,295	3,121	3,703	3,155	2,681
영업이익	554	928	1,201	832	520
영업이익률	24.1%	29.7%	32.4%	26.4%	19.4%

순이익	467	784	1,015	716	466
순이익률	20.4%	25.1%	27.4%	22.7%	17.4%

(단위: 배)

가치평가	2019.12.	2020.12.	2021.12.	2022.12.	2023.12(E).
주가수익배수(PER)	24.45	25.39	26.27	19.02	36.53
주가순자산배수(PBR)	7.72	9.02	10.40	5.55	6.76
주가매출액배수(PSR)	4.98	6.38	7.20	4.31	0.06
주가현금흐름배수(PCR)	19.74	22.91	24.27	23.54	29.32
EV/EBITDA	16.88	18.47	19.77	13.65	23.42

(단위: 달러)

주당지표	2019.12.	2020.12.	2021.12.	2022.12.	2023.12(E).
주당순이익(EPS)	2.60	4.28	5.53	4.22	2.87
주당순자산(BPS)	8.69	13.29	15.53	15.47	15.50
주당배당금(DPS)	0.36	0.4	0.4	0.44	0.43

(단위: %)

수익성	2019.12.	2020.12.	2021.12.	2022.12.	2023.12(E).
자기자본이익률(ROE)	31.6	41.8	40.9	30.2	18.5
총자산이익률(ROA)	17.4	23.8	26.5	20.6	13.0
투하자본이익률(ROIC)	34.8	52.2	65	49.8	N/A

13. 홀로직(HOLX)

여성 건강을 위한 진단 제품 및 의료 이미징 시스템 개발업체다. 유방 검사 장치, 자궁 내막 절제 시스템, 뼈밀도 측정 시스템, 초음파 기반 골다공증 평가 제품 등을 제작한다. 이전엔 유방 건강에 중점을 두었지만, 젠프로브(Gen-Probe)를 인수한 이후 상업적 진단에 더 중점을 두고 있다.

(단위: 백만 달러)

손익계산서	2020.09.	2021.09.	2022.09.	2023.09.	2024.09(E).
매출액	3,776	5,632	4,863	4,030	3,981
영업이익	1,105	2,474	1,601	654	1,191
영업이익률	29.3%	43.9%	32.9%	16.2%	29.9%
순이익	1,115	1,872	1,302	456	534
순이익률	29.5%	33.2%	26.8%	11.3%	13.4%

(단위: 배)

가치평가	2020.09.	2021.09.	2022.09.	2023.09.	2024.09(E).
주가수익배수(PER)	14.94	10.36	12.08	37.28	18.22
주가순자산배수(PBR)	6.16	4.60	3.22	3.39	3.38
주가매출액배수(PSR)	4.41	3.44	3.23	4.22	0.04
주가현금흐름배수(PCR)	18.59	8.32	7.40	16.17	0.04
EV/EBITDA	12.83	7.58	7.66	15.37	12.7

(단위: 달러)

주당지표	2020.09.	2021.09.	2022.09.	2023.09.	2024.09(E).
주당순이익(EPS)	4.21	7.21	5.13	1.83	2.14
주당순자산(BPS)	10.30	16.41	19.39	20.33	21.52
주당배당금(DPS)	0	0	0	0	0.0

(단위: %)

수익성	2020.09.	2021.09.	2022.09.	2023.09.	2024.09(E).
자기자본이익률(ROE)	48.0	49.4	27.1	8.9	17.57
총자산이익률(ROA)	16.4	22.6	14.0	4.9	9.1
투하자본이익률(ROIC)	26.8	54.4	39.5	19.1	N/A

14. 로열티 파마(RPRX)

약물 개발 서비스를 제공하며 바이오 의약품에 투자하는 기업이다. 바이오 제약 산업 전반에 걸쳐 혁신 자금을 지원한다.

로열티 파마(RPRX)					(단위: 백만 달러)
손익계산서	**2019.12.**	**2020.12.**	**2021.12.**	**2022.12.**	**2023.12(E).**
매출액	1,814	2,122	2,289	2,237	2,743
영업이익	2,623	1,595	1,431	307	2,012
영업이익률	144.6%	75.2%	62.5%	13.7%	73.3%
순이익	2,349	975	620	43	698
순이익률	129.4%	45.9%	27.1%	1.9%	25.4%

(단위: 배)

가치평가	**2019.12.**	**2020.12.**	**2021.12.**	**2022.12.**	**2023.12(E).**
주가수익배수(PER)	0	31.16	39.04	560.27	7.11
주가순자산배수(PBR)	0	3.07	2.36	2.52	1.44
주가매출액배수(PSR)	0	14.32	10.57	10.73	0.06
주가현금흐름배수(PCR)	0	14.93	11.99	11.19	5.61
EV/EBITDA	0	30.60	37.52	130.49	8.49

(단위: 달러)

주당지표	**2019.12.**	**2020.12.**	**2021.12.**	**2022.12.**	**2023.12(E).**
주당순이익(EPS)	0	1.32	1.49	0.10	1.56
주당순자산(BPS)	10.26	26.36	24.71	21.75	19.68
주당배당금(DPS)	0	0.3	0.68	0.76	0.92

(단위: %)

수익성	**2019.12.**	**2020.12.**	**2021.12.**	**2022.12.**	**2023.12(E).**
자기자본이익률(ROE)	44.3	16.5	6.1	0.4	30.6
총자산이익률(ROA)	19.7	6.4	3.7	0.2	11.8
투하자본이익률(ROIC)	15.7	5.9	3.6	1	N/A

성장주: 나스닥 최고의 성장주 18종목

인베스코가 선정한 나스닥 최고의 성장주 18종목을 소개한다. 순서는 알파벳 순이다.

1. 어도비(ADBE)

어도비는 글로벌 소프트웨어 기업으로, 다양한 운영 체제와 디바이스에 걸쳐 콘텐츠 생성, 관리, 최적화를 가능하게 하는 솔루션을 제공한다. 크리에이티브 전문가와 마케터를 대상으로 한 이 회사의 제품군은 디지털 미디어 콘텐츠의 제작부터 디지털 마케팅 및 광고 서비스에 이르기까지 다양하다. 이 회사는 디지털 미디어 콘텐츠 제작, 마케팅 솔루션을 위한 디지털 경험, 레거시 제품 출판(매출의 5% 미만)의 3개 사업 부문으로 운영된다. 매출은 미국(52.9%), 유럽·중동·아프리카(26.6%), 아시아·태평양(8.4%), 일본(6.7%), 미주(5.4%) 순으로 발생하며, 월그린스부츠얼라이언스와 전략적 파트너십을 맺고 있다. 1982년에 설립되었으며 본사는 캘리포니아 산호세에 위치한다.

| 어도비(ADBE) | | | | | (단위: 백만 달러) |

손익계산서	2019.11.	2020.11.	2021.12.	2022.12.	2023.11.(E).
매출액	11,171	12,868	15,785	17,606	19,377
영업이익	3,268	4,237	5,802	6,098	8,775
영업이익률	29.3%	32.9%	36.8%	34.6%	45.3%
순이익	2,951	5,260	4,822	4,756	7,308
순이익률	26.4%	40.9%	30.5%	27.0%	37.7%

(단위: 배)

가치평가	2019.11.	2020.11.	2021.12.	2022.12.	2023.11.(E).
주가수익배수(PER)	50.78	43.51	60.84	33.39	37.43
주가순자산배수(PBR)	14.23	17.25	19.83	11.30	16.58
주가매출액배수(PSR)	13.41	17.78	18.58	9.02	0.14
주가현금흐름배수(PCR)	33.88	39.96	40.57	20.26	34.56
EV/EBITDA	36.85	44.74	43.93	22.60	27.86

(단위: 달러)

주당지표	2019.11.	2020.11.	2021.12.	2022.12.	2023.11.(E).
주당순이익(EPS)	6.00	10.83	10.02	10.10	15.94
주당순자산(BPS)	21.67	27.58	31.02	29.90	35.99
주당배당금(DPS)	0	0	0	0	0

(단위: %)

수익성	2019.11.	2020.11.	2021.12.	2022.12.	2023.11.(E).
자기자본이익률(ROE)	29.1	45.4	34.1	33.9	42.3
총자산이익률(ROA)	14.8	23.5	18.6	17.9	21.4
투하자본이익률(ROIC)	156.5	70	87.8	106.8	N/A

2. 얼라인 테크놀로지(ALGN)

세계적인 의료기기 회사로 치열 교정을 위한 투명교정기와 아이테로 (iTero) 구강 스캐너를 제조 및 판매한다. 또한 치료 및 심미적 목적의 치과 치료 솔루션을 제공한다. 10대 환자의 교정 치료, 치아 맹출 환자를 위한 진정제, 유치와 영구치가 혼합된 조기 혼합 치열을 가진 유아를 위한 제품 등 포괄적인 제품을 생산한다. 또한 치과 의사, 보철 전문의 등 치과 관련 전문의에게 3D 디지털 스캐너와 서비스를 제공한다.

| 얼라인 테크놀로지(ALGN) |

(단위: 백만 달러)

손익계산서	2019.12.	2020.12.	2021.12.	2022.12.	2023.12(E).
매출액	2,407	2,472	3,953	3,735	3,834
영업이익	542	387	976	643	789
영업이익률	22.5%	15.7%	24.7%	17.2%	20.6%
순이익	443	1,776	772	362	438
순이익률	18.4%	71.8%	19.5%	9.7%	11.4%

(단위: 배)

가치평가	2019.12.	2020.12.	2021.12.	2022.12.	2023.12(E).
주가수익배수(PER)	49.67	23.73	67.12	45.56	32.6
주가순자산배수(PBR)	16.34	13.03	14.30	4.57	5.44
주가매출액배수(PSR)	9.14	17.05	13.11	4.41	0.05
주가현금흐름배수(PCR)	29.43	63.63	44.20	28.97	27.6
EV/EBITDA	33.02	84.02	44.13	20.55	22.02

(단위: 달러)

주당지표	2019.12.	2020.12.	2021.12.	2022.12.	2023.12(E).
주당순이익(EPS)	5.53	22.41	9.69	4.61	5.76
주당순자산(BPS)	16.95	41.06	45.91	46.06	49.91
주당배당금(DPS)	0	0	0	0	0

(단위: %)

수익성	2019.12.	2020.12.	2021.12.	2022.12.	2023.12(E).
자기자본이익률(ROE)	33.5	59.4	22.2	9.9	15.8
총자산이익률(ROA)	18.8	41.2	14.0	6.1	8.2
투하자본이익률(ROIC)	57	17.5	45.8	22.1	N/A

3. 애플(AAPL)

스마트폰(아이폰), PC(맥), 태블릿(아이패드), 웨어러블 기기 및 다양한 액세서리를 제공하는 글로벌 기업이다. 디지털 콘텐츠 스토어, 스트리밍 서비스, 애플 케어, 아이클라우드, 애플 아케이드 등 다양한 관련 서비스도 제공한다.

| 애플(AAPL) | (단위: 백만 달러)

손익계산서	2020.09.	2021.09.	2022.09.	2023.09.	2024.09(E).
매출액	274,515	365,817	394,328	383,285	396,359
영업이익	66,288	108,949	119,437	114,301	121,378
영업이익률	24.1%	29.8%	30.3%	29.8%	30.6%
순이익	57,411	94,680	99,803	96,995	101,245
순이익률	20.9%	25.9%	25.3%	25.3%	25.5%

(단위: 배)

가치평가	2020.09.	2021.09.	2022.09.	2023.09.	2024.09(E).
주가수익배수(PER)	33.45	25.65	24.22	27.60	28.23
주가순자산배수(PBR)	29.39	38.49	47.71	43.07	39.15
주가매출액배수(PSR)	7.00	6.64	6.13	6.98	0.08
주가현금흐름배수(PCR)	23.80	23.34	19.79	24.21	0.07
EV/EBITDA	24.68	20.44	18.85	21.35	21.28

(단위: 달러)

주당지표	2020.09.	2021.09.	2022.09.	2023.09.	2024.09(E).
주당순이익(EPS)	3.28	5.61	6.11	6.13	6.59
주당순자산(BPS)	3.77	3.78	3.13	3.95	4.75
주당배당금(DPS)	0.80	0.85	0.9	0.94	1.0

(단위: %)

수익성	2020.09.	2021.09.	2022.09.	2023.09.	2024.09(E).
자기자본이익률(ROE)	75.2	144.1	160.9	160.8	152.7
총자산이익률(ROA)	17.6	27.6	28.1	28.4	28.2
투하자본이익률(ROIC)	23.4	36.2	39.7	40	N/A

4. 브로드컴(AVGO)

광대역 통신용 집적회로를 판매하는 기업으로, 주로 아날로그와 디지털 반도체 연결 솔루션을 설계 및 개발한다. 주요 제품으로는 유·무선 인프라, 스토리지 어댑터, 기업 및 네트워크 프로세서 등이 있다.

브로드컴(AVGO)					(단위: 백만 달러)
손익계산서	2020.11.	2021.10.	2022.10.	2023.10.	2024.10(E).
매출액	23,888	27,450	33,203	35,819	49,944
영업이익	4,014	8,519	14,225	16,207	27,969
영업이익률	16.8%	31.0%	42.8%	45.2%	56.0%
순이익	2,960	6,736	11,495	14,082	17,856
순이익률	12.4%	24.5%	34.6%	39.3%	35.8%

(단위: 배)

가치평가	2020.11.	2021.10.	2022.10.	2023.10.	2024.10(E).
주가수익배수(PER)	53.11	34.00	17.07	24.57	23.83
주가순자산배수(PBR)	5.92	8.77	8.43	14.43	19.94
주가매출액배수(PSR)	5.92	7.97	5.77	9.66	0.14
주가현금흐름배수(PCR)	11.73	15.90	11.44	19.13	0.10
EV/EBITDA	15.88	16.89	11.54	18.16	19.09

(단위: 달러)

주당지표	2020.11.	2021.10.	2022.10.	2023.10.	2024.10(E).
주당순이익(EPS)	6.33	15.00	26.53	32.98	34.87
주당순자산(BPS)	59.39	60.88	55.52	57.80	55.55
주당배당금(DPS)	13	14.4	16.4	18.4	21.0

(단위: %)

수익성	2020.11.	2021.10.	2022.10.	2023.10.	2024.10(E).
자기자본이익률(ROE)	11.1	26.5	51.3	61.6	69.9
총자산이익률(ROA)	3.4	8.5	15.5	19.5	24.3
투하자본이익률(ROIC)	9.2	20.3	33.4	39	N/A

5. 코파트(CPRT)

온라인 경매를 통해 파손된 차량과 사용이 종료된 차량을 판매하는 회사이다. 차량 회수, 마케팅, 판매 서비스를 제공하며, 보험 회사, 은행, 임대 회사, 자동차 딜러, 개인 판매자 등 다양한 고객에게 서비스를 제공한다. 특히 자체 개발한 온라인 자동차 경매 시스템 VB3는 전 세계 구매자들이 실시간으로 경매에 참여하고, 차량을 입찰할 수 있게 하는 혁신적인 플랫폼을 제공해 온라인 경매 서비스를 한 단계 끌어올렸다.

코파트(CPRT)					(단위: 백만 달러)
손익계산서	2020.07.	2021.07.	2022.07.	2023.07.	2024.07(E).
매출액	2,206	2,693	3,501	3,870	4,248
영업이익	816	1,136	1,375	1,487	1,687
영업이익률	37.0%	42.2%	39.3%	38.4%	39.7%
순이익	700	936	1,090	1,238	1,420
순이익률	31.7%	34.8%	31.1%	32.0%	33.4%

(단위: 배)

가치평가	2020.07.	2021.07.	2022.07.	2023.07.	2024.07(E).
주가수익배수(PER)	31.28	37.14	27.93	34.10	32.56
주가순자산배수(PBR)	8.79	9.85	6.58	7.05	6.41
주가매출액배수(PSR)	9.93	12.92	8.70	10.91	0.12
주가현금흐름배수(PCR)	23.85	35.10	25.87	30.93	0.11
EV/EBITDA	23.92	27.19	19.73	24.40	22.87

(단위: 달러)

주당지표	2020.07.	2021.07.	2022.07.	2023.07.	2024.07(E).
주당순이익(EPS)	0.73	0.97	1.13	1.28	1.46
주당순자산(BPS)	2.67	3.74	4.87	6.28	7.42
주당배당금(DPS)	0	0	0	0	0

(단위: %)

수익성	2020.07.	2021.07.	2022.07.	2023.07.	2024.07(E).
자기자본이익률(ROE)	31.7	30.1	25.9	22.9	20.7
총자산이익률(ROA)	22.4	22.7	21.0	20.1	18.3
투하자본이익률(ROIC)	30.7	37.3	38.9	39.7	N/A

6. 코스트코(COST)

코스트코는 회원들에게 창고형 매장에서 엄선된 제품을 경제적인 가격으로 제공하는 멤버십 기반의 소매업체이다. 이 회사는 조건 없는 환불 정책과 우수한 직원 복지 프로그램으로도 잘 알려져 있다. 식품, 음료, 주류, 전자기기, 가전제품, 건강 및 미용 제품, 의류 등 다양한 범위의 상품을 취급한다. 또한 주유소, 약국, 푸드 코트, 보청기센터 등 다양한 현장 서비스를 제공하며, 여러 국가에서 비즈니스용 배달, 여행 서비스 및 기타 온라인 서비스도 운영하고 있다.

| 코스트코(COST) |

(단위: 백만 달러)

손익계산서	2020.08.	2021.08.	2022.08.	2023.09.	2024.08(E).
매출액	166,761	195,929	226,954	242,290	253,986
영업이익	5,435	6,708	7,793	8,114	9,039
영업이익률	3.3%	3.4%	3.4%	3.3%	3.6%
순이익	4,002	5,007	5,844	6,292	6,988
순이익률	2.4%	2.6%	2.6%	2.6%	2.8%

(단위: 배)

가치평가	2020.08.	2021.08.	2022.08.	2023.09.	2024.08(E).
주가수익배수(PER)	38.43	39.76	40.31	38.33	43.42
주가순자산배수(PBR)	8.41	11.34	11.41	9.63	11.61
주가매출액배수(PSR)	0.92	1.02	1.04	1.00	0.01

주가현금흐름배수(PCR)	17.36	22.22	31.87	21.79	0.01
EV/EBITDA	21.15	22.51	22.88	21.35	26.12

(단위: 달러)

주당지표	2020.08.	2021.08.	2022.08.	2023.09.	2024.08(E).
주당순이익(EPS)	9.02	11.27	13.14	14.16	15.74
주당순자산(BPS)	41.34	39.64	46.53	56.46	58.87
주당배당금(DPS)	2.7	12.98	3.38	3.84	19.0

(단위: %)

수익성	2020.08.	2021.08.	2022.08.	2023.09.	2024.08(F).
자기자본이익률(ROE)	23.7	31.0	29.8	27.1	27.9
총자산이익률(ROA)	7.7	8.6	9.2	9.4	9.9
투하자본이익률(ROIC)	19.9	24.2	26.9	27.9	N/A

7. 메타플랫폼스(META)

세계 최대의 소셜네트워크서비스(SNS)를 제공하는 회사 페이스북이 2021년에 사명을 메타로 변경했다. PC와 모바일을 이용해 사람들을 연결, 공유, 발견, 그리고 소통할 수 있게 해주는 페이스북, 사진과 동영상, 메시지를 공유할 수 있는 커뮤니티인 인스타그램, 플랫폼 및 디바이스를 거쳐 지인, 가족, 그룹, 그리고 비즈니스와 연결해주는 메신저 앱인 페이스북 메신저, 그리고 개인과 기업이 비공개적으로 소통할 수 있는 기능까지 탑재한 메신저 앱인 왓츠앱 등을 제공한다.

| 메타플랫폼스(META) |

(단위: 백만 달러)

손익계산서	2019.12.	2020.12.	2021.12.	2022.12.	2023.12(E).
매출액	70,697	85,965	117,929	116,609	133,632
영업이익	23,986	32,671	46,753	28,944	45,473
영업이익률	33.9%	38.0%	39.6%	24.8%	34.0%

순이익	18,485	29,146	39,370	23,200	37,341
순이익률	26.1%	33.9%	33.4%	19.9%	27.9%

(단위: 배)

가치평가	2019.12.	2020.12.	2021.12.	2022.12.	2023.12(E).
주가수익배수(PER)	31.67	26.70	23.77	13.75	26.08
주가순자산배수(PBR)	5.79	6.07	7.49	2.54	6.29
주가매출액배수(PSR)	8.28	9.05	7.93	2.74	0.07
주가현금흐름배수(PCR)	16.12	20.08	16.22	6.32	15.93
EV/EBITDA	18.93	19.41	16.90	8.82	13.08

(단위: 달러)

주당지표	2019.12.	2020.12.	2021.12.	2022.12.	2023.12(E).
주당순이익(EPS)	6.43	10.09	13.77	8.59	14.36
주당순자산(BPS)	35.41	45.00	44.36	46.79	59.58
주당배당금(DPS)	0	0	0	0	0

(단위: %)

수익성	2019.12.	2020.12.	2021.12.	2022.12.	2023.12(E).
자기자본이익률(ROE)	20.0	25.2	29.7	18.6	28.1
총자산이익률(ROA)	15.3	20.0	23.5	13.3	19.6
투하자본이익률(ROIC)	30.1	31.6	37.2	21.1	N/A

8. 인튜이트(INTU)

미국, 캐나다, 그리고 세계 여러 나라에 소비자, 중소기업, 자영업자 및 회계 전문가를 위한 재무관리 및 컴플라이언스 제품과 관련 서비스를 제공한다. 중소기업과 자영업 분야에서는 퀵북스라는 이름으로 다양한 온라인 서비스 및 데스크톱 소프트웨어 솔루션을 제공하며, 소비자 분야에서는 터보택스와 같은 소득세 준비 상품과 관련 서비스를, 전략적 파트너 분야에서는 레이서트, 프로 시리즈 등의 제품을 제공한다.

(단위: 백만 달러)

손익계산서	2020.07.	2021.07.	2022.07.	2023.07.	2024.07(E).
매출액	7,679	9,633	12,726	14,368	16,052
영업이익	2,176	2,500	2,571	3,141	6,244
영업이익률	28.3%	26.0%	20.2%	21.9%	38.9%
순이익	1,826	2,062	2,066	2,384	2,720
순이익률	23.8%	21.4%	16.2%	16.6%	16.9%

(단위: 배)

가치평가	2020.07.	2021.07.	2022.07.	2023.07.	2024.07(E).
주가수익배수(PER)	43.75	70.23	62.28	60.11	37.35
주가순자산배수(PBR)	15.65	14.67	7.83	8.30	8.57
주가매출액배수(PSR)	10.40	15.03	10.11	9.97	0.12
주가현금흐름배수(PCR)	33.10	44.56	33.09	28.40	0.11
EV/EBITDA	30.98	47.86	38.36	35.49	26.73

(단위: 달러)

주당지표	2020.07.	2021.07.	2022.07.	2023.07.	2024.07(E).
주당순이익(EPS)	6.92	7.56	7.28	8.42	9.63
주당순자산(BPS)	19.56	36.55	58.72	61.46	71.37
주당배당금(DPS)	2.12	2.36	2.72	3.12	3.4

(단위: %)

수익성	2020.07.	2021.07.	2022.07.	2023.07.	2024.07(E).
자기자본이익률(ROE)	42.5	24.3	14.1	14.3	22.07
총자산이익률(ROA)	23.1	14.8	8.5	8.6	12.52
투하자본이익률(ROIC)	123.9	73.2	38.4	39.9	N/A

9. 인튜이티브 서지컬(ISRG)

다빈치 수술 시스템 및 관련 기구와 부속품을 설계, 제조 및 판매하는 전문의 의료장비 업체다. 다빈치 수술 시스템은 외과 수술에 필요한 여러 구성품으로 이루어져 있으며, 외과의사 콘솔, 내시경, 비전 시스템, 그리고 가위와 메스 등의 수술용 도구를 포함한다. 이 시스템은 일반 수술, 부인과 수술, 비뇨기과 수술, 심장 흉부 및 두경부 수술 등 외과 수술에 사용된다.

| 인튜이티브 서지컬(ISRG) | (단위: 백만 달러)

손익계산서	2019.12.	2020.12.	2021.12.	2022.12.	2023.12(E).
매출액	4,479	4,358	5,710	6,222	7,080
영업이익	1,375	1,050	1,821	1,577	2,377
영업이익률	30.7%	24.1%	31.9%	25.3%	33.6%
순이익	1,379	1,061	1,705	1,322	1,628
순이익률	30.8%	24.3%	29.9%	21.3%	23.0%

(단위: 배)

가치평가	2019.12.	2020.12.	2021.12.	2022.12.	2023.12(E).
주가수익배수(PER)	49.53	90.68	75.30	70.92	65.03
주가순자산배수(PBR)	8.27	9.88	10.79	8.49	9.43
주가매출액배수(PSR)	15.26	22.07	22.48	15.07	0.18
주가현금흐름배수(PCR)	42.75	64.77	61.43	62.90	53.85
EV/EBITDA	39.25	63.45	57.76	46.65	44.81

(단위: 달러)

주당지표	2019.12.	2020.12.	2021.12.	2022.12.	2023.12(E).
주당순이익(EPS)	3.85	2.94	4.66	3.65	4.56
주당순자산(BPS)	23.87	27.72	33.42	31.04	38.58
주당배당금(DPS)	0	0	0	0	0

(단위: %)

수익성	2019.12.	2020.12.	2021.12.	2022.12.	2023.12(E).
자기자본이익률(ROE)	18.2	11.7	15.4	11.3	15.2
총자산이익률(ROA)	15.5	10.2	13.5	9.9	13.4
투하자본이익률(ROIC)	23.4	16.8	20.3	16.4	N/A

10. 케이엘에이(KLAC)

반도체 제조 공정 관련 결함 검사 및 측정 시스템 제조사다. 결함 검사 및 검토 시스템, 계측 솔루션, 모니터링 제품, 리소그래피 소프트웨어 등의 제품을 생산한다. 반도체 회로 제조 과정 중 제품 및 공정의 질을 분석하고, 제조 문제를 식별할 수 있도록 피드백을 제공한다.

| 케이엘에이(KLAC) |

(단위: 백만 달러)

손익계산서	2020.06.	2021.06.	2022.06.	2023.06.	2024.06(E).
매출액	5,806	6,919	9,212	10,496	9,826
영업이익	1,500	2,518	3,650	4,099	3,852
영업이익률	25.8%	36.4%	39.6%	39.1%	39.2%
순이익	1,217	2,078	3,322	3,387	3,174
순이익률	21.0%	30.0%	36.1%	32.3%	32.3%

(단위: 배)

가치평가	2020.06.	2021.06.	2022.06.	2023.06.	2024.06(E).
주가수익배수(PER)	24.78	23.91	14.34	19.65	23.85
주가순자산배수(PBR)	11.31	14.71	33.98	22.79	22.66
주가매출액배수(PSR)	5.19	7.18	5.17	6.34	0.07
주가현금흐름배수(PCR)	16.95	22.74	14.37	18.13	0.08
EV/EBITDA	17.87	18.12	12.44	15.74	18.63

(단위: 달러)

주당지표	2020.06.	2021.06.	2022.06.	2023.06.	2024.06(E).
주당순이익(EPS)	7.70	13.37	21.92	24.15	23.50
주당순자산(BPS)	17.00	21.92	9.31	20.93	24.74
주당배당금(DPS)	3.3	3.6	4.2	5.2	5.6

(단위: %)

수익성	2020.06.	2021.06.	2022.06.	2023.06.	2024.06(E).
자기자본이익률(ROE)	47.2	68.3	99.2	131.4	100.83
총자산이익률(ROA)	13.3	21.1	28.0	24.8	22.13
투하자본이익률(ROIC)	24	38	42.8	36.4	N/A

11. 마이크로소프트(MSFT)

윈도우 운영체제(OS), 클라우드 서비스, 데스크탑&서버 관리 도구, 비즈니스 솔루션, 소프트웨어 개발 도구뿐만 아니라 PC와 태블릿 등 디바이스, 비디오 게임, 게이밍·엔터테인먼트 콘텐츠까지 개발하는 세계 최대의 소프트웨어 및 하드웨어 기업이다.

마이크로소프트(MSFT)					(단위: 백만 달러)
손익계산서	2020.06.	2021.06.	2022.06.	2023.06.	2024.06(E).
매출액	143,015	168,088	198,270	211,915	243,314
영업이익	52,959	69,916	83,383	88,523	103,957
영업이익률	37.0%	41.6%	42.1%	41.8%	42.7%
순이익	44,281	61,271	72,738	72,361	83,884
순이익률	31.0%	36.5%	36.7%	34.1%	34.5%

					(단위: 배)
가치평가	2020.06.	2021.06.	2022.06.	2023.06.	2024.06(E).
주가수익배수(PER)	34.85	33.30	26.41	34.99	34.54
주가순자산배수(PBR)	13.05	14.37	11.53	12.28	10
주가매출액배수(PSR)	10.79	12.14	9.69	11.95	0.14
주가현금흐름배수(PCR)	25.44	26.59	21.57	28.91	0.12
EV/EBITDA	21.62	23.28	18.73	23.67	22.99

					(단위: 달러)
주당지표	2020.06.	2021.06.	2022.06.	2023.06.	2024.06(E).
주당순이익(EPS)	5.76	8.05	9.65	9.68	11.25
주당순자산(BPS)	15.55	18.81	22.22	27.70	38.85
주당배당금(DPS)	1.99	2.19	2.42	2.66	2.9

					(단위: %)
수익성	2020.06.	2021.06.	2022.06.	2023.06.	2024.06(E).
자기자본이익률(ROE)	39.5	46.2	45.4	38.2	35.63
총자산이익률(ROA)	15.4	19.6	21.0	19.1	20.51
투하자본이익률(ROIC)	49	60.9	60.7	55	N/A

12. 넷이즈(NTES)

1997년 인터넷 포털 서비스에서 시작된 업체로, 중국의 대표적인 온라인 서비스 제공업체 중 하나다. 넷이즈 닷컴을 운영하며 주요 서비스로는 온라인 및 모바일 게임, 미디어, 이메일, 전자상거래 등이 있다. 중국에서 가장 인기 있는 PC 클라이언트와 모바일 게임을 개발하고 운영하며, 블리자드 엔터테인먼트, 마이크로소프트의 자회사인 모장 등 세계적인 게임 개발업체들을 파트너로 두고 있다.

| 넷이즈(NTES) | | | | | (단위: 백만 달러) |

손익계산서	2019.12.	2020.12.	2021.12.	2022.12.	2023.12(E).
매출액	8,463	11,264	13,688	13,844	14,629
영업이익	1,970	2,223	2,565	2,816	4,110
영업이익률	23.3%	19.7%	18.7%	20.3%	28.1%
순이익	3,034	1,844	2,634	2,918	4,204
순이익률	35.8%	16.4%	19.2%	21.1%	28.7%

(단위: 배)

가치평가	2019.12.	2020.12.	2021.12.	2022.12.	2023.12(E).
주가수익배수(PER)	12.93	35.14	25.70	16.24	12.92
주가순자산배수(PBR)	4.47	5.16	4.55	3.15	3.22
주가매출액배수(PSR)	4.64	5.75	4.95	3.42	0.04
주가현금흐름배수(PCR)	15.95	17.03	17.38	11.92	11.59
EV/EBITDA	9.13	19.28	15.16	8.92	11.13

(단위: 달러)

주당지표	2019.12.	2020.12.	2021.12.	2022.12.	2023.12(E).
주당순이익(EPS)	4.66	2.75	3.91	4.43	6.48
주당순자산(BPS)	13.63	19.00	22.39	23.02	28.28
주당배당금(DPS)	1.96	0.93	0.83	1.52	1.93

수익성	2019.12.	2020.12.	2021.12.	2022.12.	2023.12(E).
자기자본이익률(ROE)	38.0	15.3	19.2	19.9	26.4
총자산이익률(ROA)	21.1	8.8	11.1	12.1	15.9
투하자본이익률(ROIC)	82.7	49	66.4	80.9	N/A

13. 넷플릭스(NFLX)

온라인 동영상 스트리밍 서비스 등 엔터테인먼트 서비스를 제공하는 미국의 플랫폼 회사다. 전 세계 190개 이상의 국가에서 2억 400만 명 이상의 유료회원을 보유하고 있으며, TV 시리즈, 다큐멘터리 및 장편 영화 등 다양한 장르와 언어의 콘텐츠를 디지털 기기를 통해 광고 없이 즐길 수 있다.

| 넷플릭스(NFLX) | (단위: 백만 달러)

손익계산서	2019.12.	2020.12.	2021.12.	2022.12.	2023.12(E).
매출액	20,156	24,996	29,698	31,616	33,604
영업이익	2,604	4,585	6,195	5,633	6,684
영업이익률	12.9%	18.3%	20.9%	17.8%	19.9%
순이익	1,867	2,761	5,116	4,492	5,475
순이익률	9.3%	11.0%	17.2%	14.2%	16.3%

(단위: 배)

가치평가	2019.12.	2020.12.	2021.12.	2022.12.	2023.12(E).
주가수익배수(PER)	75.96	86.51	52.16	29.21	40.46
주가순자산배수(PBR)	18.70	21.59	16.84	6.32	9.96
주가매출액배수(PSR)	7.04	9.56	8.99	4.15	0.06
주가현금흐름배수(PCR)	−49.11	98.43	679.69	64.76	33.74
EV/EBITDA	12.48	16.56	14.43	6.84	30.06

(단위: 달러)

주당지표	2019.12.	2020.12.	2021.12.	2022.12.	2023.12(E).
주당순이익(EPS)	4.13	6.08	11.24	9.95	12.16
주당순자산(BPS)	17.32	25.10	35.77	46.72	49.43
주당배당금(DPS)	0	0	0	0	0

(단위: %)

수익성	2019.12.	2020.12.	2021.12.	2022.12.	2023.12(E).
자기자본이익률(ROE)	28.4	28.2	35.3	23.1	23.5
총자산이익률(ROA)	6.1	7.4	12.2	9.6	11.5
투하자본이익률(ROIC)	29.8	30.5	47.9	38.8	N/A

14. 엔비디아(NVDA)

그래픽 처리 장치를 개발하는 회사다. 게이머를 위한 GPU, 디자이너를 위한 쾨드로, AI 데이터 과학자 및 빅 데이터 연구자를 위한 DGX, 클라우드 기반 비주얼 컴퓨팅 사용자를 위한 GRID 등을 설계 및 개발한다. 사업 부문은 GPU와 Tegra 프로세서로 나뉜다.

| 엔비디아(NVDA) |

(단위: 백만 달러)

손익계산서	2020.01.	2021.01.	2022.01.	2023.01.	2024.01(E).
매출액	10,918	16,675	26,914	26,974	58,937
영업이익	2,846	4,532	10,041	4,224	35,215
영업이익률	26.1%	27.2%	37.3%	15.7%	59.8%
순이익	2,796	4,332	9,752	4,368	27,818
순이익률	25.6%	26.0%	36.2%	16.2%	47.2%

(단위: 배)

가치평가	2020.01.	2021.01.	2022.01.	2023.01.	2024.01(E).
주가수익배수(PER)	54.83	74.24	58.60	114.69	44.48
주가순자산배수(PBR)	12.56	19.04	21.47	22.67	30.59

주가매출액배수(PSR)	14.04	19.29	21.23	18.57	0.23
주가현금흐름배수(PCR)	32.20	55.24	62.74	88.81	50.67
EV/EBITDA	42.90	57.45	51.26	85.17	36.24

(단위: 달러)

주당지표	2020.01.	2021.01.	2022.01.	2023.01.	2024.01.(E).
주당순이익(EPS)	1.13	1.73	3.85	1.74	11.17
주당순자산(BPS)	5.00	6.85	10.66	8.89	17.89
주당배당금(DPS)	0.16	0.16	0.16	0.16	0.164

(단위: %)

수익성	2020.01.	2021.01.	2022.01.	2023.01.	2024.01.(E).
자기자본이익률(ROE)	25.7	29.3	43.2	18.7	84.3
총자산이익률(ROA)	18.1	16.6	25.3	10.3	56.3
투하자본이익률(ROIC)	36.7	23.3	28.1	11.7	N/A

15. 오릴리 오토모티브(ORLY)

자동차 애프터 마켓 부품, 소모품, 장비, 액세서리 등 자동차 부품 유통 업체다. 발전기와 시동기부터 브레이크 시스템 부품, 배터리, 오일, 부동액, 시트커버까지 광범위한 제품을 판매한다. 주 고객은 미국 내 전문 DIY 업체, 전문 서비스 제공업체다.

| 오릴리 오토모티브(ORLY) | (단위: 백만 달러)

손익계산서	2019.12.	2020.12.	2021.12.	2022.12.	2023.12.(E).
매출액	10,150	11,604	13,328	14,410	15,822
영업이익	1,921	2,419	2,917	2,954	3,201
영업이익률	18.9%	20.8%	21.9%	20.5%	20.2%
순이익	1,391	1,752	2,165	2,173	2,337
순이익률	13.7%	15.1%	16.2%	15.1%	14.8%

가치평가	2019.12.	2020.12.	2021.12.	2022.12.	2023.12(E).
주가수익배수(PER)	23.84	18.71	21.98	24.31	24.87
주가순자산배수(PBR)	83.45	233.77	N/A	N/A	−31.13
주가매출액배수(PSR)	3.27	2.83	3.57	3.67	0.04
주가현금흐름배수(PCR)	19.41	11.56	14.84	16.78	19.96
EV/EBITDA	17.61	13.76	16.29	17.89	17.1

(단위: 달러)

주당지표	2019.12.	2020.12.	2021.12.	2022.12.	2023.12(E).
주당순이익(EPS)	17.88	23.53	31.10	33.44	38.32
주당순자산(BPS)	5.16	1.90	−0.96	−16.48	−30.61
주당배당금(DPS)	0	0	0	0	0

(단위: %)

수익성	2019.12.	2020.12.	2021.12.	2022.12.	2023.12(E).
자기자본이익률(ROE)	514.9	453.0	251,634.4	N/A	−115.4
총자산이익률(ROA)	13.5	14.9	18.3	17.8	17.7
투하자본이익률(ROIC)	18.1	21.6	27.8	27.1	N/A

16. 페이팔(PYPL)

페이팔은 전 세계 소비자 및 판매자를 대상으로 디지털 및 모바일 결제를 지원하는 기술 플랫폼 및 디지털 결제 회사다. 페이팔, 페이팔 크레디트, 브레인트리, 벤모, 줌 및 아이제틀 등의 결제 시스템을 보유하고 있다. 소비자는 이 회사의 결제 플랫폼을 통해 결제 금액을 지불할 수 있고, 은행 계좌에서 돈을 인출할 수 있으며, 페이팔 계정에 다양한 통화를 보유할 수 있다.

페이팔(PYPL)					(단위: 백만 달러)
손익계산서	**2019.12.**	**2020.12.**	**2021.12.**	**2022.12.**	**2023.12(E).**
매출액	17,772	21,454	25,371	27,518	29,613
영업이익	2,719	3,289	4,262	3,837	6,547
영업이익률	15.3%	15.3%	16.8%	13.9%	22.1%
순이익	2,459	4,202	4,169	2,419	4,094
순이익률	13.8%	19.6%	16.4%	8.8%	13.8%

(단위: 배)

가치평가	**2019.12.**	**2020.12.**	**2021.12.**	**2022.12.**	**2023.12(E).**
주가수익배수(PER)	51.65	65.31	53.15	33.57	12.31
주가순자산배수(PBR)	7.52	13.71	10.20	4.01	3.21
주가매출액배수(PSR)	7.15	12.79	8.73	2.95	0.02
주가현금흐름배수(PCR)	31.20	44.12	38.22	13.97	11.7
EV/EBITDA	32.00	44.33	41.34	18.10	8.41

(단위: 달러)

주당지표	**2019.12.**	**2020.12.**	**2021.12.**	**2022.12.**	**2023.12(E).**
주당순이익(EPS)	2.07	3.54	3.52	2.09	3.68
주당순자산(BPS)	14.38	17.07	18.51	17.57	18.98
주당배당금(DPS)	0	0	0	0	0

(단위: %)

수익성	**2019.12.**	**2020.12.**	**2021.12.**	**2022.12.**	**2023.12(E).**
자기자본이익률(ROE)	15.2	23.3	19.8	12.0	24.4
총자산이익률(ROA)	5.0	6.6	5.6	3.1	6.9
투하자본이익률(ROIC)	25.2	23.3	17.2	13.7	N/A

17. 스타벅스(SBUX)

전 세계 81개 이상의 시장에서 운영되는 세계 최대 규모의 다국적 커피 전문점이다. 드립형 커피, 차, 기타 음료, 그리고 샌드위치, 샐러드, 케이크와 같은 식품과 텀블러, 머그잔과 같은 브랜드 상품들도 판매한다. 이 외에도 스타벅스 차 전문 브랜드인 티바나, 시애틀계 커피 전문점인 시애틀스 베스트 커피, 물 부족 국가를 지원하는 에토스, 프리미엄 커피 브랜드인 스타벅스 리저브, 이탈리아 베이커리 명가인 프린치와도 손잡고 있다.

| 스타벅스(SBUX) | | | | | (단위: 백만 달러) |

손익계산서	2020.09.	2021.10.	2022.10.	2023.10.	2024.10(E).
매출액	23,518	29,061	32,250	35,976	39,563
영업이익	1,239	4,487	4,384	5,572	6,702
영업이익률	5.3%	15.4%	13.6%	15.5%	16.9%
순이익	928	4,199	3,282	4,125	4,699
순이익률	3.9%	14.5%	10.2%	11.5%	11.9%

(단위: 배)

가치평가	2020.09.	2021.10.	2022.10.	2023.10.	2024.10(E).
주가수익배수(PER)	106.16	31.71	29.46	25.35	22.28
주가순자산배수(PBR)	N/A	N/A	N/A	N/A	-13.53
주가매출액배수(PSR)	4.19	4.58	3.00	2.91	0.03
주가현금흐름배수(PCR)	61.68	22.23	21.99	17.40	0.03
EV/EBITDA	27.94	20.67	18.81	16.96	14.55

(단위: 달러)

주당지표	2020.09.	2021.10.	2022.10.	2023.10.	2024.10(E).
주당순이익(EPS)	0.79	3.54	2.83	3.58	4.13
주당순자산(BPS)	-6.66	-4.52	-7.55	-6.97	-6.80
주당배당금(DPS)	1.64	1.8	1.96	2.12	2.3

(단위: %)

수익성	2020.09.	2021.10.	2022.10.	2023.10.	2024.10(E).
자기자본이익률(ROE)	N/A	N/A	N/A	N/A	-50.96
총자산이익률(ROA)	3.3	14.1	11.5	14.3	18.74
투하자본이익률(ROIC)	4.4	15.8	12.9	16	N/A

18. 워크데이(WDAY)

클라우드 ERP 소프트웨어 업체다. 엔터프라이즈 클라우드 기반의 응용 프로그램을 개발하고 있으며 특히 인적 자본, 지출 및 재무관리, 급여, 교육 솔루션 등을 제공한다. 주요 서비스로는 급여 관리, 재무 및 인력 계획, 인력 관리 프로세스 자동화, 채용 지원, 고객 데이터 수집 등이 있다.

| 워크데이(WDAY) | | | | | (단위: 백만 달러) |

손익계산서	2020.01.	2021.01.	2022.01.	2023.01.	2024.01(E).
매출액	3,627	4,318	5,139	6,216	7,258
영업이익	−502	−249	−116	−222	1,732
영업이익률	−13.8%	−5.8%	−2.3%	−3.6%	23.9%
순이익	−481	−282	29	−367	237
순이익률	−13.3%	−6.5%	0.6%	−5.9%	3.3%

(단위: 배)

가치평가	2020.01.	2021.01.	2022.01.	2023.01.	2024.01(E).
주가수익배수(PER)	−88.34	−193.35	2,153.42	−127.14	49.38
주가순자산배수(PBR)	17.08	16.66	13.95	8.35	11.01
주가매출액배수(PSR)	11.71	12.65	12.31	7.50	0.10
주가현금흐름배(PCR)	49.12	43.05	38.32	28.14	38.36
EV/EBITDA	−310.45	541.99	143.65	246.30	35.41

(단위: 달러)

주당지표	2020.01.	2021.01.	2022.01.	2023.01.	2024.01(E).
주당순이익(EPS)	−2.12	−1.19	0.12	−1.44	0.89
주당순자산(BPS)	10.95	13.83	18.34	21.92	25.72
주당배당금(DPS)	0	0	0	0	0

(단위: %)

수익성	2020.01.	2021.01.	2022.01.	2023.01.	2024.01(E).
자기자본이익률(ROE)	−21.2	−9.6	0.7	−7.0	15.2
총자산이익률(ROA)	−7.8	−3.6	0.3	−2.8	4.1
투하자본이익률(ROIC)	−20.4	−8.2	0.5	−3.7	N/A